CONSEIL D'ÉTAT

Jurisprudences

Jurisprudence du Conseil d'État 2014-2015

AF854132

La Documentation française

En application de la loi du 11 mars 1957 (art. 41) et du Code de la propriété intellectuelle du 1er juillet 1992, complétés par la loi du 3 janvier 1995, toute reproduction partielle ou totale à usage collectif de la présente publication est strictement interdite sans autorisation expresse de l'éditeur.
Il est rappelé à cet égard que l'usage abusif et collectif de la photocopie met en danger l'équilibre économique des circuits du livre.

Reproduit d'après documents fournis

© Direction de l'information légale et administrative, Paris 2016
ISBN : 978-2-11-010169-3

Jurisprudences

Fondateur

Michel Combarnous, président de section honoraire au Conseil d'État.

Responsable de la publication

Maryvonne de Saint Pulgent, présidente de la section du rapport et des études.

Comité de rédaction

Président du comité de rédaction : Bernard Stirn, président de la section du contentieux

Conception, réalisation : *Louis Dutheillet de Lamothe, Nicolas Labrune, Guillaume Odinet, maîtres des requêtes, responsables du Centre de recherches et de diffusion juridiques (CRDJ) du Conseil d'État ; Lucille Benatia, Anne-Cécile Castellani-Dembélé, conseillers de tribunal administratif et de cour administrative d'appel, chargées de mission au CRDJ ; Pierre-Yves Martinie, responsable du service de diffusion de la jurisprudence au CRDJ ; Corinne Mathey, secrétaire de la section du rapport et des études.*

Ont contribué à l'analyse des jurisprudences les promotions 2012-2014 des auditeurs du Conseil d'État : *Tristan Aureau, Julia Beurton, Natacha Chicot, Angélique Delorme, Leïla Derouich, Yannick Faure, Anne Iljic, Maïlys Lange, Bastien Lignereux, Benjamin de Maillard, Esther de Moustier, Charline Nicolas, Clémence Olsina, Pauline Pannier, Manon Perrière.*

Secrétaires de rédaction

Corinne Mathey, secrétaire de la section du rapport et des études.
Valérie Andrieu Maillot, chargée de mission juridique à la section du rapport et des études.

Ont également contribué au secrétariat de rédaction : *Saïda Maazouz et Cédric Soletta, stagiaires à la section du rapport et des études.*

Publications chez le même éditeur

Collection « Les rapports du Conseil d'État » (ancienne collection « Études et documents du Conseil d'État », EDCE)

- Droit au logement, droit du logement (ECDE n° 60), 2009.
- L'eau et son droit (ECDE n° 61), 2010.
- Consulter autrement, participer effectivement, (EDCE n° 62), 2011.
- Les agences : une nouvelle gestion publique ? - étude annuelle 2012, n° 63, 2012.
- Le droit souple - étude annuelle 2013, n° 64, 2013.
- Le numérique et les droits fondamentaux - étude annuelle 2014, n° 65, 2014.
- L'action économique des personnes publiques – étude annuelle 2015, n° 66.
- Simplification et qualité du droit – étude annuelle 2016, n°67.

Collection « Les études du Conseil d'État »

- Les recours administratifs préalables obligatoires, 2009.
- La révision des lois bioéthiques, 2009.
- Les établissements publics, 2010.
- Développer la médiation dans le cadre de l'Union européenne, 2011.
- Vers l'institution d'un parquet européen, 2011.
- Le rescrit : sécuriser les initiatives et les projets, 2014.
- L'application du nouveau principe « silence vaut acceptation », 2014.
- Les commissaires du Gouvernement dans les entreprises, 2015.
- Directives européennes: anticiper pour mieux transposer, 2015.
- Le droite d'alerte: signaler, traiter, protéger, 2016.

Collection « Droits et Débats »

- Le droit européen des droits de l'homme, n° 1, 2011.
- Les développements de la médiation, n° 2, 2012.
- La valorisation économique des propriétés des personnes publiques, n° 3, 2012.
- La démocratie environnementale, n° 4, 2012.
- Consulter autrement, participer effectivement, n° 5, 2012.
- Le patrimoine immatériel des personnes publiques, n° 6, 2013.
- Santé et justice : quelles responsabilités ?, n° 7, 2013.
- Les agences : une nouvelle gestion publique?, n° 8, 2013.
- Les enjeux juridiques de l'environnement, n° 9, 2014.
- La décentralisation des politiques sociales, n° 10, 2014.
- 1952-2012 : le juge français de l'asile, n° 11, 2013.
- Corriger, équilibrer, orienter : une vision renouvelée de la régulation économique, Hommage à Marie-Dominique Hagelsteen, n° 12, 2014.

Collection « Histoire et Mémoire »

- Conférences Vincent Wright, volume 1, n° 1, 2012.
- Le rôle du Conseil d'État dans le développement économique de la France au XIXe siècle, n° 2, 2014.
- Faire des choix ? Les fonctionnaires dans l'Europe des dictatures, 1933-1948, n° 3, 2014.

Collection « Jurisprudences »

- Jurisprudence du Conseil d'État 2012-2013, 2014 (**anciennement publié dans la collection « Documents d'études »).**

Sommaire

Avant-propos

Maryvonne de Saint Pulgent,
présidente de la section du rapport et des études du Conseil d'État

Le deuxième tome de la collection « Jurisprudences », qui fait la synthèse de la jurisprudence 2014-2015 du Conseil d'État, s'inscrit dans la continuité d'une série de publications lancées depuis plus de quarante ans à La Documentation française et éditées dans la collection « Documents d'études » à partir de 1988. Cet ouvrage, au rythme de parution biennal comme annoncé dans le précédent tome paru en septembre 2014, présente une synthèse claire et accessible des principales décisions représentatives de la jurisprudence administrative la plus récente.

Avec le concours de rapporteurs de la section du contentieux, le centre de recherches et de diffusion juridiques du Conseil d'État éclaire les enjeux de chaque décision et les resitue dans les grands courants de la jurisprudence administrative. Quarante-neuf analyses classées par thèmes sont proposées. Communication des documents administratifs, contrats, Convention européenne des droits de l'homme, état d'urgence, santé... : la diversité des sujets abordés illustre le foisonnement du paysage jurisprudentiel et met en lumière la recherche permanente, par le juge administratif, de la meilleure conciliation entre les nécessités de l'action publique et la protection des droits et libertés des individus. Les thèmes retenus portent aussi bien sur des matières régies par le droit administratif que sur des questions de procédure contentieuse.

Cet ouvrage au format maniable prolonge et enrichit les analyses qui figurent dans les rapports publics annuels du Conseil d'État ainsi que dans le recueil Lebon, dans la même ambition pédagogique que celle des éditions précédentes. Poursuivant l'objectif d'intelligibilité et d'accessibilité du droit, il est conçu comme un outil d'analyse au service des étudiants, des praticiens du droit et de tout citoyen désireux de comprendre les évolutions et l'esprit de la jurisprudence administrative.

Je souhaite que la collection « Jurisprudences » rende ainsi compte des grandes constantes de l'action du juge administratif, qui, dans un effort de créativité et d'équilibre sans cesse renouvelé, préserve les droits fondamentaux des justiciables tout en veillant à la sauvegarde des intérêts publics et à l'impératif de sécurité juridique.

Éditorial

Bernard Stirn,
président de la section du contentieux
du Conseil d'État

Conformément à une pratique continue depuis 1973, la publication, accompagnée d'un commentaire synthétique, des principales décisions rendues par le Conseil d'État, statuant au contentieux au cours des deux années précédentes permet à un large public de prendre connaissance des grandes questions qui ont été soumises à la juridiction administrative et de mesurer les apports de la jurisprudence au développement du droit.

En 2014 et 2015, le Conseil d'État a eu à connaître, comme à l'accoutumée, de sujets d'une grande diversité. Les questions éthiques posées par la fin de la vie ont occupé une place particulière. Elles ont participé à un mouvement qui donne une grande audience aux interventions du Conseil d'État comme juge des référés. Le droit de la régulation a également connu d'importants développements. Le mouvement de reconfiguration du contentieux des marchés publics s'est poursuivi. Les premières décisions relatives aux plans de sauvegarde de l'emploi ont permis de tracer les grandes lignes de ce nouveau contentieux social. De délicates questions fiscales ont été tranchées par la formation de plénière fiscale. Enfin le souci de simplification a souvent inspiré des évolutions de jurisprudence.

Un retentissement particulier s'est attaché aux décisions prises, en février puis en juin 2014, par l'assemblée du contentieux dans l'affaire Vincent Lambert. Devant une tragédie humaine, et alors qu'était en cause la vie d'une personne, l'office du juge du référé liberté a été défini de manière adaptée à la nature des enjeux. Le cadre juridique tracé par la loi du 22 avril 2005 a été précisé, en particulier en ce qui concerne la possibilité d'arrêter un traitement dont la poursuite traduit une obstination déraisonnable et la recherche de la volonté du patient. Eclairé par l'expertise qu'il avait confiée à d'éminents spécialistes et par les contributions d'amicus curiae qu'il avait sollicitées, le Conseil d'État s'est prononcé, comme l'a constaté, dans son arrêt du 5 juin 2015, la Cour européenne des droits de l'homme au terme d' « un examen approfondi où tous les points de vue ont pu s'exprimer et tous les aspects avaient été mûrement pesés, au vu tant d'une expertise médicale détaillée que d'observations générales des plus hautes instances médicales et éthiques ». Le respect de la loi du 22 avril 2005, notamment de la procédure collégiale qu'elle prévoit, était aussi au centre des questions tranchées le 30 décembre 2014 par l'assemblée du contentieux sur le recours du docteur Bonnemaison contre la décision de radiation prise à son égard par le Conseil national de l'ordre des médecins.

Avec l'affaire Vincent Lambert, l'assemblée du contentieux a statué, pour la première fois, comme juge des référés. D'autres décisions du Conseil d'État statuant en référé ont marqué le débat public. Au travers du référé, et grâce à la rapidité d'intervention qui le caractérise, le juge administratif se prononce sur des sujets de forte actualité.

Tel a été le cas, au début de 2014, des ordonnances rendues à propos des spectacles de Dieudonné et, à la fin de 2015, des ordonnances relatives aux mesures prises dans le cadre de l'état d'urgence, après que la section, par ses décisions du 11 décembre 2015, rendues en référé, en avait défini le régime juridique et contentieux.

Juge des décisions des autorités de régulation, le Conseil d'État définit les caractéristiques d'un droit adapté aux réalités économiques et sociales qu'il a pour vocation d'encadrer. Les pouvoirs de sanction de l'Autorité des marchés financiers et les conséquences que celle-ci doit tirer des arrêts de la Cour européenne des droits de l'homme ont été précisés par la décision de section du 28 mars 2014, Président de l'Autorité des marchés financiers et la décision d'assemblée M. Vernes du 30 juillet 2014. A l'occasion des vifs débats suscités par l'attribution de nouvelles fréquences gratuites de diffusion télévisuelle, la décision d'assemblée du 17 juin 2015, société LCI et société Métropole Télévision, a rappelé, l'importance des règles destinées à garantir la transparence et souligné le rôle qui incombe à l'autorité de régulation pour assurer que les différents intérêts en présence s'expriment et débattent préalablement à sa décision.

En ouvrant, par sa décision du 2 avril 2014, département de Tarn-et-Garonne, dans des conditions qu'elle détermine, un recours direct contre le contrat aux tiers dont les intérêts sont susceptibles d'être lésés par sa passation ou par ses clauses, l'assemblée du contentieux a poursuivi le mouvement d'adaptation du contentieux contractuel engagé par l'arrêt Tropic Travaux du 16 juillet 2007 et par les deux décisions ville de Béziers du 28 décembre 2009 et du 21 mars 2011. Elle a également jugé, par la décision du 30 décembre 2014, société Armor SNC, que les collectivités territoriales et les établissements publics de coopération intercommunale peuvent se porter candidats à l'attribution d'un contrat de commande publique proposé par une autre collectivité territoriale, à la condition que leur candidature constitue le prolongement d'une mission de service public dont ils ont la charge, n'en compromette pas l'exercice et soit présentée dans des conditions qui ne faussent pas le jeu de la concurrence.

A la suite de l'accord interprofessionnel du 11 janvier 2013, la loi sur la sécurisation de l'emploi du 14 juin 2013 a confié à la juridiction administrative le contrôle des décisions d'homologation ou de validation des plans de sauvegarde de l'emploi. Par trois décisions du 22 juillet 2015, l'assemblée du contentieux a précisé les règles dans lesquelles s'inscrit ce nouveau contentieux, d'une grande importance économique et sociale.

En vertu du décret du 22 février 2010, les sous-sections réunies peuvent être composées non seulement de deux sous-sections mais aussi, selon des groupements arrêtés par le vice-président du Conseil d'État sur proposition du président de la section du contentieux, de trois ou quatre. Ces dispositions ont permis la mise en place d'une formation de « plénière fiscale », composée de membres des quatre sous-sections qui ont à connaître du contentieux fiscal. Précieuse pour juger les affaires qui soulèvent des questions fiscales particulièrement délicates, la plénière fiscale a eu à connaître, en particulier, de l'imposition des Français qui résident à Monaco, de l'interprétation de certaines stipulations de la convention fiscale franco-allemande, de la conciliation entre les règles destinées à prévenir l'évasion fiscale et la liberté d'établissement, de l'ordre d'imputation des charges et déficits reportés.

La jurisprudence s'est enfin montrée particulièrement attentive aux préoccupations de simplification du droit. Par deux décisions du 5 décembre 2014, la section a ainsi unifié les règles relatives au point de départ de la prescription quadriennale pour les différents dommages corporels (Deltrieux) et autorisé l'avocat qui représente l'administration à opposer cette prescription (commune de Scionzier). Dans le domaine de l'urbanisme, la section a donné à la théorie du propriétaire apparent toute sa portée (19 juin 2015, commune de Salbris). En matière procédurale, la jurisprudence a aussi cherché la simplification en définissant mieux les lignes directrices (4 février 2015, ministre de l'intérieur c/ M. Cortes-Ortiz), en précisant les pouvoirs du juge des référés mesures utiles (2015, section française de l'OIP) ou encore en donnant au juge de l'impôt toute latitude pour joindre des affaires, y compris lorsqu'elles concernent des contribuables ou des impositions différents (23 octobre 2015, ministre du budget c/ M. Chehboun). Nul doute que, sur ce chemin de la simplification, de nombreuses perspectives demeurent ouvertes pour l'avenir.

Index des principales abréviations

CAA	Cour administrative d'appel
CC	Conseil constitutionnel
CJA	Code de justice administrative
CJUE	Cour de justice de l'Union européenne
CNDA	Cour nationale du droit d'asile
Convention EDH	Convention européenne de sauvegarde des droits de l'homme et des libertés fondamentales
Cour EDH	Cour européenne des droits de l'homme
CPP	Code de procédure pénale
LPF	Livre des procédures fiscales
QPC	Question prioritaire de constitutionnalité
TA	Tribunal administratif
TFUE	Traité sur le fonctionnement de l'Union européenne

Index des décisions analysées (par ordre alphabétique)

A

B

C

D

E

F

G

K

L

M

O

P

S

V

X

Actes

Lignes directrices

Ministre de l'intérieur c/ M. Cortes-Ortiz

Par un arrêt de section, le Conseil d'État précise les conditions dans lesquelles l'autorité compétente, bien que ne disposant pas du pouvoir règlementaire, peut encadrer l'action de l'administration par la voie de lignes directrices ou d'orientations générales, et tire les conséquences de leur distinction sur leur invocabilité devant le juge administratif.

CE, Sec., 4 février 2015, Ministre de l'intérieur c/ M. Cortes-Ortiz, n° 383267 et 383268, Rec.

Ressortissant colombien, M. Cortes-Ortiz était entré en France en 2007, avant d'y être rejoint en 2009 par son épouse et son fils, scolarisé depuis lors. M. Cortes-Ortiz avait ensuite demandé au préfet de police à bénéficier d'un titre de séjour « vie privée et familiale » sur le fondement du 7° de l'article L. 313-11 du code de l'entrée et du séjour des étrangers, de l'article L. 313-14 du même code et du droit d'asile et de la circulaire du ministre de l'intérieur du 28 novembre 2012 relative aux conditions d'examen des demandes d'admission au séjour déposées par des ressortissants étrangers en situation irrégulière. Le préfet de police lui avait opposé un refus, annulé par le tribunal administratif de Paris, dont le jugement avait été confirmé par la cour administrative d'appel de Paris. Le Conseil d'État a, quant à lui, annulé l'arrêt de la cour. Ce faisant, il a précisé la portée qu'il convenait de donner à la circulaire du ministre de l'intérieur du 28 novembre 2012, et, plus généralement, aux textes de droit souple par lesquelles l'autorité compétente entend encadrer l'action de l'administration.

Le Conseil d'État a, à plusieurs reprises, jugé que les circulaires de régularisation sont dépourvues de caractère réglementaire et ne peuvent, par suite, être utilement invoquées devant le juge de l'excès de pouvoir (s'agissant de la circulaire du 24 juin 1997 du ministre de l'intérieur : CE, 24 janvier 2003, *Préfet du Val d'Oise*, n° 222854, inédite au Recueil ; ou de la circulaire du ministre d'État, ministre de l'intérieur et de l'aménagement du territoire du 13 juin 2006, relative aux mesures à prendre à l'endroit des ressortissants étrangers dont le séjour en France est irrégulier et dont au moins un enfant est scolarisé depuis septembre 2005 : CE, 24 novembre 2010, *Ministre de l'intérieur, de l'outre-mer et des collectivités territoriales c/ M. et Mme Korkmaz*, n° 310885, inédite au Recueil). Il a également dénié la qualification de directive au sens de la jurisprudence *Crédit foncier de France* à une circulaire de régularisation (4/1 SSR, 22 février 1999, *Époux Useyin*, n° 197243, T.). Quant au pouvoir de régularisation lui-même, le Conseil d'État estime, là encore selon une jurisprudence classique, qu'il constitue un pouvoir discrétionnaire du préfet lui permettant, à titre exceptionnel et sous le contrôle du juge de l'excès de pouvoir, d'octroyer une mesure gracieuse à un étranger en situation irrégulière (avis de l'Assemblée générale du 22 août 1996, n° 359622 ; 6/1 SSR, 6 décembre 2013, *Ministre de l'intérieur c/ M. Ndong*, n° 362324, T.).

Dans un premier temps, le Conseil d'État a rappelé que, dans le cas où un texte prévoit l'attribution d'un avantage sans avoir défini l'ensemble des conditions permettant d'en déterminer les bénéficiaires, l'autorité compétente peut définir, par la voie de lignes directrices, des critères de nature à encadrer l'action de l'administration. La cohérence des décisions administratives est ainsi renforcée. Une telle faculté ne peut toutefois conduire à une application automatique des ces critères, auxquels il peut être dérogé pour motifs d'intérêt général et au regard de l'appréciation particulière de chaque situation. Dans un tel cas, une personne en droit de prétendre à l'avantage en cause peut se prévaloir, devant le juge administratif, de telles lignes directrices, à condition qu'elles aient été publiées.

Dans un second temps, le Conseil d'État a jugé qu'il en allait autrement dans le cas où l'administration peut légalement accorder une mesure de faveur, sans que l'intéressé ne puisse faire valoir aucun droit. Dans ce dernier cas, l'autorité compétente peut définir des orientations générales pour l'octroi de ce type de mesures, mais l'intéressé ne saurait se prévaloir de telles orientations à l'appui d'un recours formé devant le juge administratif. La circulaire du ministre de l'intérieur du 28 novembre 2012 relevant de cette dernière hypothèse, le Conseil d'État en a déduit qu'elle ne pouvait être utilement invoquée à l'appui d'un recours pour excès de pouvoir dirigé contre une décision par laquelle un préfet refuse de régulariser, par la délivrance d'un titre de séjour, la situation d'un étranger présent sur le territoire français.

Par une ordonnance du 9 juillet 2015, *Ministre de l'Intérieur c. MM. Alkak*, 391392, T., le juge des référés du Conseil d'État a appliqué la solution dégagée quant à la possibilité offerte à l'autorité compétente de définir des orientations générales pour l'octroi de mesures de faveur au bénéfice de laquelle l'intéressé ne peut faire valoir aucun droit. Il a ainsi jugé qu'une telle possibilité existait en matière de visa d'admission en France au titre de l'asile, dès lors que les garanties attachées au droit constitutionnel d'asile, dont le corollaire reconnu aux étrangers se trouvant sur le territoire de la République est le droit de solliciter en France la qualité de réfugié, n'emportent aucun droit à la délivrance d'un visa en vue de déposer une demande d'asile en France.

ODEADOM

Une décision de reversement d'une aide agricole indûment perçue doit être motivée en application de la loi du 11 juillet 1979 et, par suite, doit être précédée d'une procédure contradictoire.

CE, Sec., 13 mars 2015, ODEADOM, n° 364612, Rec.

Par la décision *Office de développement de l'économie agricole outre-mer,* la section du contentieux s'est prononcée sur la question de savoir si une décision par laquelle une autorité administrative impose au bénéficiaire d'une aide agricole régie par un texte de l'Union européenne de reverser les montants d'aide indûment perçus doit être motivée et précédée d'une procédure contradictoire. L'article 8 du décret du 28 novembre 1983 concernant les relations entre l'administration et les usagers prévoit en effet que les décisions qui doivent être motivées en vertu de la loi n°79-587 du 11 juillet 1979 ne peuvent légalement intervenir qu'après que l'intéressé a été mis à même de présenter des observations écrites, de sorte que le Conseil d'État a dû déterminer si une décision de récupération d'aide entrait dans le champ de l'obligation de motivation défini à l'article 1er de la loi du 11 juillet 1979 relative à la motivation des actes administratifs et à l'amélioration des relations entre l'administration et le public.

Il a au préalable été nécessaire de se prononcer sur l'opérance d'un moyen de procédure au regard de la jurisprudence *Montaignac* : le Conseil d'État estime que lorsqu'elle procède à la récupération d'une aide agricole régie par un texte de l'Union européenne, l'autorité administrative est nécessairement conduite à apprécier si les différents éléments constitutifs d'une irrégularité au sens du second paragraphe de l'article 1er du règlement n° 2988/95 du 18 décembre 1995 sont réunis, à vérifier que les délais de prescription de l'action tendant à la répétition de l'aide indûment perçue ne font pas obstacle au reversement et à se prononcer sur le montant et, le cas échéant, sur les modalités de celui-ci. Dès lors, l'appréciation de fait portée sur chacun de ces points exclut que l'administration puisse se trouver en situation de compétence liée rendant inopérants devant le juge les moyens de procédure invoqués à l'encontre de la décision de reversement.

Au regard de la loi du 11 juillet 1979, la section du contentieux a tout d'abord qualifié une telle décision de décision défavorable retirant une décision créatrice de droits au sens de l'article 1er de cette loi, en tant qu'elle retire une aide financière qui avait été précédemment octroyée à son bénéficiaire. En l'espèce, était en jeu une aide financière attribuée non pas automatiquement, mais sous réserve du respect par le bénéficiaire de certaines conditions. Par cette décision, le Conseil d'État a donc implicitement admis que les dispositions de l'article 1er de la loi du 11 juillet 1979 s'appliquent même aux décisions de retrait de décisions créatrices de droit conditionnelles. Il s'en tient donc à la ligne de partage générale tracée par une précédente décision de section du 6 novembre 2002 *Mme Soulier* (n° 223041, Rec.) en vertu de laquelle sont créatrices de droits toutes les décisions administratives accordant un avantage financier, quand bien même l'administration avait l'obligation de refuser cet avantage.

La section du contentieux a ensuite considéré qu'une telle décision de retrait constituait une décision imposant une sujétion au sens des mêmes dispositions de la loi du 11 juillet 1979 en tant qu'elle assujettit l'opérateur économique concerné à l'obligation de reverser l'aide indue, majorée le cas échéant d'intérêts. La décision élargit donc le champ de la décision *M. et Mme Baillemont* du 16 octobre 2013 (n° 368174, Rec.), rendue en matière de sommes indûment versées au titre de l'allocation de revenu de solidarité active, à toutes les décisions tendant à la récupération d'aides financières indûment versées.

Le Conseil d'État en a déduit l'obligation pour l'administration de motiver une décision de retrait de l'aide financière indûment accordée et de la faire précéder d'une procédure contradictoire.

Enfin, la section du contentieux a pu préciser l'articulation de cette règle avec celle de l'effectivité de l'application du droit de l'Union européenne. Se référant expressément à deux arrêts de la Cour de justice des Communautés européennes, du 21 septembre 1983 *Deutsche Milchkontor et autres* (aff. C-205/82 à C-215/82) et du 12 mai 1998 *Steff-Houlberg Export et autres (*aff. C-366/95), le Conseil d'État a jugé que les modalités de récupération d'une aide indûment versée sur le fondement d'un texte de l'Union européenne sont soumises à des règles de droit national, sous réserve que l'application de ces règles se fasse de façon non discriminatoire au regard des procédures visant à trancher des litiges nationaux du même type et qu'elle ne porte pas atteinte à l'application et à l'efficacité du droit de l'Union ou n'ait pas pour effet de rendre pratiquement impossible ou excessivement difficile la récupération des sommes octroyées. Reprenant le principe dégagé dans sa décision *Vinhiflhor* du 28 octobre 2009 (n° 302030, Rec.), il a ainsi rappelé qu'il appartient au juge national d'apprécier si, pour le règlement du litige qui lui est soumis, la règle du droit national doit être écartée ou interprétée, afin que la pleine efficacité du droit de l'Union soit assurée. Il a alors estimé que l'obligation de motiver et de faire précéder la décision de récupération d'une aide illégalement versée d'une procédure écrite conduite avec le bénéficiaire de l'aide constitue une garantie pour ce dernier et qu'elle s'appliquait de manière identique à la récupération d'aides indûment versées sur le fondement de dispositions du droit national et n'avait pas pour effet de rendre pratiquement impossible ou excessivement difficile la récupération des sommes octroyées, dès lors qu'il appartient à l'administration de veiller au respect de la procédure qu'elles instituent et qu'il est loisible à celle-ci, en cas d'annulation d'une décision de reversement irrégulière, de prendre une nouvelle décision, sous réserve du respect des règles de prescription applicables. Dès lors, il juge qu'il n'y a pas lieu d'écarter l'application de ces dispositions afin d'assurer la pleine efficacité du droit de l'Union.

Société CFA Méditerranée

La consultation du service des domaines prévue par les dispositions de l'article L. 2241-1 du code général des collectivités territoriales (CGCT) en vue de la conclusion par une commune d'un bail emphytéotique administratif portant sur une dépendance de son domaine ne constitue pas une garantie au sens de la jurisprudence *Danthony*.

CE, Sec., 23 octobre 2015, Société CFA Méditerranée, n°369113, Rec.

Pour la construction d'un groupe scolaire, la commune de Cabriès, dans les Bouches-du-Rhône, avait décidé de recourir à un bail emphytéotique administratif. Par une délibération du 5 mars 2007, le conseil municipal a approuvé le projet de bail et la convention de mise à disposition du terrain conclue avec le groupement de sociétés privées retenu pour la réalisation de l'ensemble et autorisé le maire à les signer. Cette délibération est toutefois intervenue avant que le service des domaines, consulté le 2 mars, n'ait rendu son avis sur la valeur vénale des parcelles utilisées. Le tribunal administratif de Marseille avait annulé cette délibération au motif qu'elle ne pouvait intervenir avant le recueil de l'avis du service des domaines. La cour administrative d'appel de Marseille avait rejeté l'appel formé par la société requérante, membre du groupement chargé de la construction du groupe scolaire.

L'affaire donnait tout d'abord à la section l'occasion de rappeler l'office du juge administratif après l'arrêt d'Assemblée *Danthony (*23 décembre 2011, n° 335033, Rec.), qui énonce le principe selon lequel, si les actes administratifs doivent être pris selon les formes et conformément aux procédures prévues par les lois et règlements, un vice affectant le déroulement d'une procédure administrative préalable, suivie à titre obligatoire ou facultatif, n'est de nature à entacher d'illégalité la décision prise que s'il ressort des pièces du dossier qu'il a été susceptible d'exercer, en l'espèce, une influence sur le sens de la décision prise ou qu'il a privé les intéressés d'une garantie. La décision *Société Chiesi SA* (17 février 2012, n°332509, Rec.) avait précisé qu'il appartient au juge administratif d'écarter, le cas échéant de lui-même, un moyen tiré d'un vice de procédure qui, au regard de ce principe, ne lui paraît pas de nature à entacher d'illégalité la décision attaquée. Ce faisant, le juge ne relève pas d'office un moyen d'ordre public. Saisie d'un moyen d'irrégularité de la procédure tiré de ce que le conseil municipal s'était prononcé sans avoir connaissance de l'avis du service des domaines, il appartenait donc de rechercher, d'une part, si cette consultation présentait le caractère d'une garantie, et, d'autre part, si le vice avait été de nature à exercer une incidence sur le sens de la décision finale.

La question de savoir si la consultation du service des domaines présentait, dans la procédure de cession ou de location de domaines prévue par le 3e alinéa de l'article L. 2241-1 du CGCT, le caractère d'une garantie était inédite. Plusieurs arguments plaidaient pour une réponse positive : en premier lieu, la règle rappelée par le juge constitutionnel en vertu de laquelle un bien appartenant à une personne publique ne peut être transférée « *sans contrepartie appropriée eu égard à la valeur réelle de ce patrimoine* » (CC n°2009-594 DC du 3 décembre 2009), appliquée de longue date par le juge administrative (pour une décision récente : CE, Sec., 3 novembre 1997, *Commune de Fougerolles*, n°169473, Rec) et l'importance qui en résulte pour les conseillers municipaux de connaître la valeur vénale des parcelles pour apprécier le caractère approprié des contreparties, et partant le bon usage des deniers publics ; en deuxième lieu, le caractère substantiel de cette consultation des mêmes services en matière de préemption, dont l'absence entraîne l'irrégularité de la délibération du conseil municipal (CE, 22 février 1995, *Commune de la Ville-la-Grand*, n°122395, T.) et plus encore, la reconnaissance que cette consultation préalable à une préemption constitue une garantie au sens de la jurisprudence *Danthony* (CE, 23 décembre 2014, *Communauté urbaine Brest métropole océane*, n°s 364785, 364786, T.).

La particularité du bail emphytéotique rural a pourtant convaincu la section du contraire. La cession de droits réels immobiliers par un bail emphytéotique administratif trouve en effet sa contrepartie dans la mise en valeur du domaine public qu'elle rend possible. La contrepartie ne réside donc pas dans le versement de redevances, mais dans l'amélioration du fonds loué. Dans ces conditions, l'information du service des domaines sur la valeur vénale des parcelles louées n'est pas déterminante, cette valeur n'ayant qu'une incidence marginale sur l'équilibre financier du contrat par rapport à la valeur nette des flux financiers entre la collectivité territoriale et l'emphytéote. La section a dès lors jugé que cette consultation ne revêtait pas, dans cette procédure, le caractère de garantie qu'elle présentait dans le domaine de la préemption.

Rétroactivité

Mme Anchling

Pour remédier aux conséquences juridiques découlant d'une délibération tarifaire déclarée illégale, la section du contentieux admet qu'une nouvelle délibération puisse fixer de manière rétroactive des redevances à l'égard des usagers ayant effectivement bénéficié du service rendu et ayant excipé de l'illégalité de la délibération initiale.

CE, Sec., 28 avril 2014, Mme Anchling, n° 357090, Rec.

La section du contentieux du Conseil d'État était saisie du litige suivant : un syndicat intercommunal chargé du service public de l'eau avait fixé le tarif de celle-ci à un niveau trop élevé au goût de certains usagers. Plusieurs d'entre eux avaient décidé d'attaquer les titres exécutoires émis à leur encontre. Le juge judiciaire, saisi de ces litiges en raison du caractère industriel et commercial du service public de l'eau, avait posé une question préjudicielle au juge administratif en appréciation de la légalité de la délibération fixant le tarif litigieux. Le tribunal administratif de Strasbourg avait, en réponse à cette question, déclaré illégale la délibération tarifaire pour un motif de légalité externe. Le syndicat intercommunal avait pris l'initiative, dans la foulée de la déclaration d'illégalité, d'édicter une nouvelle délibération maintenant le prix de l'eau à l'identique pour la période concernée. Saisi à nouveau d'une question préjudicielle par le juge judiciaire, le tribunal administratif a interprété la nouvelle délibération comme ayant une portée rétroactive.

Par la décision *Mme Anchling*, la section du contentieux a validé le raisonnement du tribunal administratif, tout en précisant les fondements qui le sous-tendent et la portée à lui conférer.

Les fondements de cette décision sont doubles. Il s'agit d'une part de pallier les inconvénients de la dissymétrie entre les effets d'une déclaration d'illégalité et ceux d'une annulation pour excès de pouvoir et, d'autre part, de faire obstacle à ce qu'une telle déclaration d'illégalité entraîne un enrichissement sans cause des usagers du service public au détriment du fournisseur du service, ce qui porterait atteinte à l'intérêt général qui s'attache à la préservation des deniers publics.

Pour des raisons de sécurité juridique, l'exception d'illégalité, parce qu'elle peut être invoquée sans condition de délai à l'encontre d'un acte réglementaire, a des effets plus limités qu'une annulation pour excès de pouvoir. Ainsi les conséquences de la déclaration d'illégalité d'une délibération fixant le tarif de l'eau diffèrent de son annulation. Dans ce dernier cas, l'annulation rétroactive du tarif en vigueur fait ressusciter le tarif antérieur, ou, dans le cas où ce tarif antérieur a épuisé ses effets à la date d'effet de l'annulation contentieuse, donne la possibilité au syndicat intercommunal, par dérogation au principe de non-rétroactivité des actes réglementaires, d'édicter un nouveau tarif légal rétroactivement applicable à la période concernée. De telles options n'étaient en revanche pas ouvertes, lorsque le juge administratif constatait l'illégalité d'une délibération tarifaire par voie d'exception ou en répondant à une question en appréciation de légalité posée par le juge judiciaire. S'ensuivait une sorte de vide juridique où le tarif illégal était écarté pour les usagers qui avaient contesté les titres exécutoires émis à leur encontre, sans qu'aucune contrepartie au service dont ils avaient bénéficié ne puisse leur être réclamée. Le redevable avait donc tout intérêt à exciper de l'illégalité du texte réglementaire à l'occasion d'un litige individuel plutôt qu'à en demander l'annulation par voie d'action.

Le second élément justifiant la solution adoptée par la section du contentieux, hormis la volonté de ne pas créer de déséquilibre entre les conséquences d'une déclaration d'illégalité et celles d'une annulation contentieuse pour excès de pouvoir, réside dans la nécessité d'éviter, d'une part, l'enrichissement sans cause qui aurait découlé pour les usagers ayant excipé de l'illégalité du tarif dans une instance contre les titres exécutoires émis sur son fondement, du fait d'avoir bénéficié d'un service public tout en étant déchargés de tout paiement à ce titre et, d'autre part, l'appauvrissement que cela aurait signifié pour le fournisseur de ce service, du fait de ne pouvoir prétendre à aucune rémunération en échange de la prestation effectivement fournie. Le Conseil d'État s'attache en effet, par une jurisprudence constante au frontispice de laquelle se situe la décision *Sieur Mergui* de 1971 (CE, section, 19 mars 1971, n° 79962, Rec.), à ce que les personnes morales de droit public ne soient jamais condamnées à payer une somme qu'elles ne doivent pas, et plus largement, à la préservation des deniers publics. En l'espèce, dans le cadre d'un litige en matière de redevance pour service rendu, ce dernier ayant été effectivement rendu, il ne pouvait rester sans contrepartie financière de la part de l'usager qui en avait bénéficié : la notion de contrepartie directe d'une redevance conduit l'ensemble des juridictions, Conseil constitutionnel, Conseil d'État et Cour de Cassation, à l'assimiler à un prix de vente.

Sans revenir sur sa jurisprudence constante selon laquelle l'exception d'illégalité invoquée à l'encontre d'un texte réglementaire, lorsque le juge y fait droit, n'a pas pour effet de faire revivre rétroactivement les dispositions abrogées par ce texte, lesquelles ne sauraient servir de base légale à une mesure prise en application du texte réglementaire en vigueur (CE, Assemblée, 18 janvier 1980, *Bargain,* n° 14397, Rec.), la section du contentieux a choisi d'ouvrir à l'administration la possibilité d'adopter un tarif rétroactif dans le seul but de régulariser les situations nées de la déclaration d'illégalité. Ce n'est donc pas *erga omnes* que l'administration pourra édicter un tarif rétroactif, mais seulement pour les usagers qui ont excipé de l'illégalité du tarif à l'occasion d'un recours. Par ailleurs, dans l'objectif de borner les conséquences de cette dérogation au principe de non-rétroactivité des actes réglementaires, la section du contentieux a précisé que la nouvelle délibération rétroactive ne pourra pas avoir pour effet de valider les titres exécutoires émis sur le fondement des délibérations illégales, ce qui rendra nécessaire l'émission de nouveaux titres.

Circonscrite quant à son champ matériel (celui des redevances pour service rendu déclarées illégales), au périmètre des personnes dont elle est susceptible d'affecter la situation (les seuls usagers du service public qui ont excipé de l'illégalité du tarif mis à leur charge), à la portée de l'habilitation qu'elle consent au fournisseur du service (strictement tenu par les motifs de la déclaration d'illégalité) et à l'impact de la délibération qu'il peut rétroactivement édicter (n'allant pas jusqu'à valider rétroactivement les titres exécutoires initialement émis), la jurisprudence *Mme Anchling* est donc une réponse pragmatique conçue pour éviter un « vide juridique » qui aurait entraîné un enrichissement sans cause de l'usager du service public au détriment de la puissance publique.

Communications

Société en commandite simple La Chaîne Info (LCI)

Par Le Conseil d'État a précisé les conditions de délivrance d'un agrément à une modification des modalités de financement, s'agissant à la fois des modalités de recours à une procédure ouverte et à celles de publicité de l'étude d'impact.

CE, Ass., 17 juin 2015, Société en commandite simple La Chaîne Info (LCI), n° 384826, Rec.

La télévision numérique terrestre (TNT), qui s'est substituée à la télévision analogique terrestre à partir du début des années 2000 a permis d'accroître considérablement l'offre télévisuelle. Au moment de son lancement, le conseil supérieur de l'audiovisuel (CSA) a fondé son approche sur une répartition équilibrée entre le nombre de chaînes payantes et gratuites, pour construire un paysage télévisuel composé de deux modèles économiques complémentaires qui n'opérerait pas de ponction excessive sur le marché publicitaire. Ce projet devait trouver son équilibre avec une quinzaine de chaînes payantes. Cependant, les diffuseurs n'ont en réalité jamais trouvé un modèle économique satisfaisant pour la diffusion de ces chaînes payantes, de sorte que l'offre de TNT payante s'est considérablement et rapidement appauvrie. Sur les quinze chaînes initialement autorisées, trois seulement étaient encore diffusées en 2015 : LCI (TF1), Paris Première (M6) et Planète + (Canal +).

Du fait de ce contexte peu favorable, la chaîne Paris Première a demandé au CSA en 2012 de l'autoriser à modifier son autorisation pour passer d'une diffusion sur la TNT payante à une diffusion sur la TNT gratuite. Le CSA a refusé de faire droit à cette demande, au motif qu'une telle décision n'entrait pas dans le champ des pouvoirs qui lui ont été octroyés par le législateur. Lors de l'examen d'une modification, à l'automne 2013, de la loi de 1986 relative à la liberté de la communication, les parlementaires ont alors souhaité introduire de manière explicite dans la loi la possibilité pour le CSA de, donner son agrément à une modification des modalités de financement lorsqu'elle porte sur le recours ou non à une rémunération de la part des usagers si les équilibres du marché publicitaire des services de télévision hertzienne terrestre sont pris en compte. Cette décision doit être précédée d'une étude d'impact et de l'audition publique du titulaire et des tiers qui le demandent.

Sur le fondement de ces nouvelles dispositions, les trois chaînes de la TNT payante ont présenté une demande d'agrément devant le CSA : LCI, Paris Première et Planète +. Par trois décisions distinctes rendues le 29 juillet 2014, le CSA a rejeté les trois demandes. Les sociétés détenant les chaînes LCI et Paris Première ont alors contesté ces décisions devant le Conseil d'État. Les deux affaires ont conduit l'Assemblée du contentieux à se prononcer pour la première fois sur l'application du quatrième alinéa de l'article 42-3 de la loi du 30 septembre 1986.

Le Conseil d'État a dans un premier temps jugé qu'en permettant au CSA d'agréer, sur le fondement du quatrième alinéa de l'article 42-3 de la loi du 30 septembre 1986, la modification de l'autorisation afférente à un service de communication audiovisuelle, le législateur avait tenu compte de l'échec du modèle économique de distribution payante défini par le CSA lors du lancement de la TNT et de l'intérêt qui pouvait s'attacher, au regard de l'impératif fondamental de pluralisme et de l'intérêt du public, à la poursuite de la diffusion d'un service ayant opté pour ce modèle. Dans ce cadre, l'assemblée du contentieux a considéré qu'il appartenait au CSA, saisi d'une demande d'agrément, d'apprécier si, en raison notamment de l'absence de fréquence disponible, l'impératif de pluralisme et l'intérêt du public justifient de ne pas recourir à une procédure ouverte, en tenant compte du risque de disparition du service exploité par le demandeur, des risques qu'une modification de ses conditions de financement ferait peser sur la poursuite de l'exploitation d'autres services et des contributions respectives de ces services au pluralisme du secteur et à la qualité des programmes. Lorsque cette condition est remplie, la modification de l'autorisation doit alors être regardée comme nécessaire à la réalisation d'un objectif d'intérêt général et entre ainsi dans le champ des dispositions du paragraphe 2 de l'article 5 de la directive 2002/20 CE du 7 mars 2002 qui permettent à titre exceptionnel de ne pas recourir à une procédure ouverte avec un appel à candidatures.

La décision du Conseil d'État précise ensuite les conditions dans lesquelles doit être réalisée l'étude d'impact mentionnée par ces dispositions : cette étude, réalisée préalablement à la décision du CSA, doit être rendue publique avant la date à laquelle il est statué sur la demande, en vue d'assurer la transparence de la procédure suivie. En l'absence de dispositions réglementaires définissant la procédure applicable, il appartient au CSA d'effectuer cette publication en temps utile pour que le demandeur et les autres personnes intéressées puissent faire valoir leurs observations écrites ou demander à être entendus sur les conclusions de l'étude. Le Conseil d'État a annulé les deux décisions attaquées pour ce motif d'irrégularité, les études d'impact réalisées sur la demande d'agrément d'une modification des conditions de financement du service LCI n'ayant pas été rendues publiques avant la publication des décisions.

Communication des documents administratifs

CNCCFP c/ Mme Mathieu et Société éditrice de Médiapart

Tout en apportant une précision sur l'autorité de chose jugée qui s'attache aux jugements avant dire droit ordonnant la production des documents dont la communication est sollicitée, le Conseil d'État juge que les comptes de campagne d'un candidat à l'élection présidentielle entrent dans le champ d'application de la loi du 17 juillet 1978 et sont des documents administratifs communicables dans les conditions qu'elle fixe.

CE, Ass., 27 mars 2015, CNCCFP c/ Mme Mathieu et Société éditrice de Médiapart, n° 382083, Rec.

La société éditrice de Mediapart et l'une de ses journalistes avaient demandé à la Commission nationale des comptes de campagne et des financements politiques (CNCCFP) de leur communiquer, sur le fondement de la loi du 17 juillet 1978 portant diverses mesures d'amélioration des relations entre l'administration et le public et diverses mesures d'ordre administratif, fiscal et social, plusieurs documents relatifs à la procédure d'instruction du compte de la campagne présidentielle menée en 2007 par Nicolas Sarkozy. Le président de la CNCCFP ayant refusé de faire droit leur demande malgré un avis favorable de la Commission d'accès aux documents administratifs (CADA), ils ont porté l'affaire devant le tribunal administratif de Paris. Par un jugement avant dire droit du 31 janvier 2014, ce dernier a ordonné la production devant lui des documents en litige, sans les verser au contradictoire, avant, par un jugement de fond du 3 juin 2014, d'annuler la décision de refus du président de la CNCCFP et d'ordonner la communication des documents en litige, sous réserve de l'occultation de certaines mentions. Le Conseil d'État était saisi du pourvoi en cassation formé par la CNCCFP contre ce dernier jugement.

La question renvoyée en assemblée du contentieux était celle de savoir si l'article 6 de la Constitution, qui réserve au législateur organique la définition des règles relatives à l'élection présidentielle, faisait obstacle à l'application en l'espèce du régime de communication de documents administratifs prévu par la loi du 17 juillet 1978. Le tribunal administratif de Paris ayant admis l'applicabilité au litige de cette loi dans les motifs de son jugement avant dire droit du 31 janvier 2014, devenu définitif, le Conseil d'État devait ainsi déterminer si cette question pouvait être débattue à l'occasion du recours en cassation dirigé contre le jugement du 3 juin 2014 réglant au fond le litige.

En principe, les parties sont irrecevables à soulever, à l'occasion d'un pourvoi contre un jugement mettant fin à l'instance devant les premiers juges, un moyen auquel le jugement avant dire droit a définitivement répondu par des motifs constituant le soutien nécessaire de son dispositif, y compris lorsque le dispositif d'un tel jugement avant dire droit se borne à ordonner une mesure d'instruction (CE, 11 octobre 1972, *Ministre c. Judeaux*, Rec.). La décision du 27 mars 2015 a permis de clarifier l'autorité de chose jugée qui s'attache aux jugements avant dire droit dans le cas particulier où le juge administratif se borne à ordonner que soient produits devant lui les documents dont la communication constitue l'objet même du litige, sans les verser au contradictoire. La possibilité de prononcer une telle mesure d'instruction, consacrée par une décision *Banque de France c. Huberschwiller* de 1988 (CE, Sec., 23 décembre 1988, Rec.), présente la particularité de permettre au juge, dans certains cas au moins, de déterminer si les documents objets du litige entrent ou non dans le champ de la loi du 17 juillet 1978. Dans ce cas, le Conseil d'État a jugé que les motifs par lesquels le juge de l'avant dire droit a pu examiner, y compris d'office, l'applicabilité des dispositions invoquées au soutien de la demande de communication ou la communicabilité des documents en cause ne peuvent être regardés comme le soutien nécessaire du dispositif adopté. Les parties peuvent donc dans tous les cas discuter, à l'occasion tant du jugement réglant au fond le litige que du recours éventuellement dirigé contre ce dernier, l'ensemble des moyens soulevés, y compris ceux auxquels il aurait été expressément répondu par une décision avant dire droit devenue définitive.

Ainsi, au cas d'espèce, le caractère définitif du jugement avant dire droit du 31 janvier 2014 ne faisait donc pas obstacle à ce que le Conseil d'État prenne position sur la question de l'applicabilité au litige de la loi du 17 juillet 1978.

Ainsi, le Conseil d'État a d'abord précisé que les modalités de l'élection du Président de la République au suffrage universel ainsi que de son contrôle, dont la détermination est réservée au législateur organique par l'article 6 de la Constitution, recouvrent les règles applicables aux dépenses électorales, à leur financement et à leur remboursement ainsi que les conditions dans lesquelles l'État s'assure de leur respect. La mission d'approbation, de rejet, ou de réformation des comptes des candidats à l'élection présidentielle confiée à la CNCCFP, sous le contrôle du Conseil constitutionnel, relève donc du domaine réservé au législateur organique en vertu de l'article 6 de la Constitution. En revanche, le Conseil d'État a jugé que tel n'était pas le cas de la détermination du régime de communication des documents produits ou reçus par la CNCCFP dans le cadre de sa mission de contrôle des comptes de campagne des candidats à l'élection présidentielle.

Dès lors, rien ne faisait obstacle à ce que le Conseil d'État qualifie les documents en litige de documents administratifs au sens de la loi de1978. Cela ne signifiait pas pour autant qu'ils soient communicables à tout moment, puisque, compte tenu de leur caractère préparatoire à la décision rendue par la CNCCFP sur le compte de campagne et de la nécessité d'éviter toute atteinte au déroulement de la procédure susceptible d'être engagée contre cette décision devant le Conseil constitutionnel, le Conseil d'État a pris le soin de préciser que l'article 6 de la loi du 17 juillet 1978 les excluaient du droit à communication jusqu'à l'expiration du délai de recours contre la décision de la CNCCFP sur le compte de campagne du candidat à l'élection présidentielle concerné ou, le cas échéant, jusqu'à l'intervention de la décision rendue par le Conseil constitutionnel sur le recours formé contre cette décision.

Tirant les conséquences de cette position de principe sur l'affaire, le Conseil d'État, estimant que la divulgation de ces documents ne faisait pas apparaître un comportement de nature à lui porter préjudice et que l'occultation des mentions susceptibles de porter atteinte à la protection de la vie privée ne dénaturait pas le sens du document, a alors rejeté le pourvoi formé par la CNCCFP contre le jugement du tribunal administratif de Paris ordonnant la communication aux défendeurs des documents relatifs à la procédure d'instruction du compte de la campagne présidentielle menée en 2007 par Nicolas Sarkozy.

Comptabilité publique

Ministre délégué, chargé du budget c/ Parquet général près la Cour des comptes

Faisant application des nouvelles dispositions relatives à la responsabilité personnelle et pécuniaire des comptables publics issues de la loi de finance rectificative du 28 décembre 2011, la section du contentieux a précisé les conditions dans lesquelles un comptable public peut être regardé comme ayant « *causé un préjudice financier* » à l'organisme public pour le compte duquel il assure sa mission, notamment en cas de défaut de recouvrement d'une recette.

CE, Sec., 27 juillet 2015, Ministre délégué, chargé du budget c/ Parquet général près la Cour des comptes, n° 370430, Rec.

Le Conseil d'État, saisi d'un pourvoi contre un arrêt de la Cour des comptes, a précisé les modalités d'application des nouvelles dispositions de l'article 60 de la loi de finances du 23 février 1963 relatives à la responsabilité personnelle et pécuniaire du comptable public, issues de la loi de finances rectificative du 28 décembre 2011. Le montant du débet que le juge des comptes met à la charge d'un comptable ayant manqué à ses obligations, ainsi que la faculté pour le ministre chargé du budget d'en prononcer la remise gracieuse, dépendent, depuis l'entrée en vigueur de ces dispositions, du point de savoir si le manquement du comptable à ses obligations a ou non *« causé un préjudice financier »* à l'organisme public pour le compte duquel il assure sa mission.

Un comptable public s'était abstenu de déclarer, dans les délais prévus par le code de commerce, la créance fiscale dont était redevable une société placée en liquidation judiciaire, de sorte que l'État n'avait pu être admis dans la répartition de l'actif liquidé en vue de recouvrer sa créance. Il ressortait toutefois de l'état de reddition des comptes dressé à l'issue de la procédure de liquidation que les créanciers privilégiés n'avaient pu être désintéressés en raison du montant insuffisant de l'actif de la société. Autrement dit, même si le comptable avait accompli tous ses devoirs, l'État n'aurait pu recouvrer sa créance. Dans ces conditions, le manquement du comptable à ses devoirs pouvait-il être regardé comme ayant « *causé un préjudice financier* » à l'État, au sens des nouvelles dispositions de l'article 60 de la loi de finances du 23 février 1963 issues de la loi de finances rectificative du 28 décembre 2011 ?

La section du contentieux a d'abord rappelé la spécificité du régime de responsabilité personnelle et pécuniaire des comptables publics, institué dans « l'intérêt de l'ordre public financier » et distinct du régime de responsabilité de droit commun. La réforme de 2011 n'ayant pas modifié les conditions dans lesquelles le juge des comptes apprécie si un comptable a commis un manquement engageant sa responsabilité, le Conseil d'État a réaffirmé une jurisprudence ancienne en vertu de laquelle le juge des comptes doit, lorsqu'il exerce un tel contrôle, s'abstenir de toute appréciation du comportement personnel du comptable et ne peut fonder ses décisions que sur les éléments matériels des comptes (CE, Ass., 12 juillet 1907, *Ministre des finances c/ Nicolle, trésorier-payeur général du département de la Corse,* n° 23933, Rec.). S'agissant plus particulièrement du défaut de recouvrement d'une recette, le Conseil d'État a rappelé sa jurisprudence issue de la décision *Mme Desvignes* (CE, Ass., 27 octobre 2000, n° 196046, Rec.) : il appartient au juge des comptes, en la matière, de se prononcer sur le point de savoir si le comptable s'est livré aux différents contrôles qui lui incombent et s'il a exercé, dans des délais appropriés, toutes les diligences requises pour le recouvrement de la créance, lesquelles diligences ne peuvent être dissociées du jugement du compte.

La loi du 28 décembre 2011 a, en revanche, entièrement renouvelé les conséquences financières qu'emporte le constat d'un manquement du comptable. Lorsque le manquement n'a pas « *causé un préjudice financier* » à l'organisme public, le juge met désormais à la charge du comptable une somme qu'il détermine « *en tenant compte des circonstances de l'espèce* » et qui ne peut faire l'objet d'une remise gracieuse décidée par le ministre chargé du budget. Lorsqu'à l'inverse le juge des comptes estime que le manquement du comptable a causé un préjudice financier, il est tenu de le mettre en débet à hauteur de la somme correspondante. Cette somme peut faire l'objet d'une remise gracieuse du ministre chargé du budget mais cette faculté est désormais encadrée.

La section du contentieux a précisé les modalités d'application de ces nouvelles dispositions en matière de recouvrement des recettes. Elle a ainsi jugé que le manquement du comptable aux diligences et contrôles qui lui incombent en matière de recouvrement devait, en principe, être regardé comme ayant causé un préjudice financier à l'organisme public. Toutefois, il est fait exception à ce principe lorsqu'il est établi que la recette était irrécouvrable à la date du manquement constaté, notamment en raison de l'insolvabilité de la personne qui en était redevable. Une telle circonstance peut être établie par tous documents, y compris postérieurs au manquement. En l'espèce, l'état de reddition des comptes dressé à l'issue de la procédure de liquidation permettait d'établir l'insolvabilité du débiteur de la créance non recouvrée, de sorte que le manquement du comptable ne pouvait être regardé comme ayant causé un préjudice financier à l'État.

Contrats

Candidature d'une personne publique

Société Armor SNC

Le Conseil d'État a précisé les conditions dans lesquelles une collectivité territoriale ou un établissement public de coopération peuvent se porter candidats à un marché public passé par une autre personne publique. Si le principe d'une telle candidature est admis, le Conseil d'État a rappelé qu'elle ne doit pas conduire à fausser les conditions de la concurrence.

CE, Ass., Société Armor SNC, 30 décembre 2014, n° 355563, Rec.

Le Conseil d'État était saisi d'un litige relatif à la procédure de passation d'un marché public portant sur le dragage de l'estuaire du Lay lancé par le département de la Vendée. Le département de la Charente-Maritime s'était porté candidat et avait remporté le marché. Saisis par la société Armor SNC, candidat évincé, d'une requête tendant à l'annulation de cette procédure de passation, le tribunal administratif de Nantes puis la cour administrative d'appel de Nantes ont rejeté cette requête et confirmé l'attribution du marché public au département de la Charente-Maritime.

L'assemblée du contentieux n'a pas remis en cause la possibilité pour une personne publique de se porter candidate à l'attribution d'un marché public passé par une autre personne publique, possibilité qu'elle avait déjà admise notamment dans un avis du 8 novembre 2000, *Société Jean-Louis Bernard Consultants* (n° 222208, Rec.). Elle a toutefois précisé le cadre dans lequel une telle candidature peut intervenir.

Le Conseil d'État rappelle tout d'abord que les compétences dont disposent les collectivités territoriales s'exercent en vue de satisfaire un intérêt public local, sauf dans l'hypothèse où elles agissent au nom de l'État (lorsqu'elles tiennent les registres d'état civil par exemple).

Le Conseil d'État estime ensuite qu'aucun texte ni aucun principe ne s'oppose à ce qu'une collectivité territoriale se porte candidate à un contrat de commande publique (notamment un marché public ou une délégation de service public) passé par une autre personne publique. Il rappelle cependant que, comme toutes les actions que ces collectivités sont compétentes pour assumer, cette candidature est soumise à la condition d'être justifiée par un intérêt public local. Le Conseil d'État juge que tel est le cas si la candidature de la collectivité constitue le prolongement d'une mission de service public dont la collectivité ou l'établissement public de coopération a la charge. La candidature peut notamment avoir pour but d'amortir des équipements, de valoriser les moyens dont dispose le service ou d'assurer son équilibre financier. La condition de l'intérêt public local est alors remplie. L'obtention du marché public ne doit pas, en revanche, avoir pour effet de compromettre l'exercice de la mission de service public dont il constitue le prolongement.

Le Conseil d'État confirme ainsi les principes dégagés dans la décision d'assemblée *Ordre des avocats au barreau de Paris* du 31 mai 2006 (n° 275531, Rec.) et lève les doutes nés de sa décision *Département de l'Aisne* du 10 juillet 2009 (n°324156, T.).

Si la candidature d'une collectivité publique est envisageable, elle doit respecter le droit de la concurrence, nécessité sur laquelle le Conseil d'État avait déjà insisté dans sa décision du 16 octobre 2000, *Compagnie méditerranéenne d'exploitation des services d'eau* (n° 212054, Rec.) et dans l'avis *Société Jean-Louis Bernard Consultants*. En particulier, le prix proposé par la collectivité territoriale doit être déterminé en prenant en compte l'ensemble des coûts directs et indirects exposés, sans que la collectivité tire un avantage de son statut de personne publique. Elle agit alors en se plaçant dans une situation comparable à celle d'un opérateur privé intervenant sur un marché, ce qu'elle doit pouvoir justifier par ses documents comptables ou tout autre moyen d'information approprié.

Enfin, le Conseil d'État précise que les conditions posées à la candidature d'une collectivité à un marché public ne remettent pas en cause la faculté qu'ont les collectivités territoriales d'instituer des modes de coopération en dehors du cadre concurrentiel, dans les conditions prévues par la loi à savoir notamment des ententes intercommunales (article L. 5221-1 du code général des collectivités territoriales), des ententes interdépartementales (article L. 5411-1 du même code) ou encore des conventions ayant pour objet la réalisation de prestations de services qui peuvent être conclues entre des départements, des régions, leurs établissements publics, leurs groupements et les syndicats mixtes (article L. 5111-1 du même code).

En l'espèce, le Conseil d'État a cassé l'arrêt pour ne pas avoir recherché si la candidature du département de la Charente-Maritime constituait le prolongement de l'une de ses missions de service public et renvoyé l'affaire devant la cour administrative d'appel de Nantes.

Département de Tarn-et-Garonne

Le Conseil d'État élargit le champ du recours de pleine juridiction en contestation de validité du contrat ouvert aux tiers et abandonne concomitamment la jurisprudence Martin sur le recours en excès de pouvoir contre les actes détachables du contrat.

CE, Ass., Département de Tarn-et-Garonne, 4 avril 2014, n° 358994, Rec.

Traditionnellement, seules les parties signataires du contrat pouvaient en contester directement la validité devant le juge du contrat. Les tiers au contrat ne pouvaient contester, pour leur part, que les actes administratifs dits « détachables » du contrat, c'est-à-dire les actes préalables à sa conclusion, qui l'ont préparée et rendue possible (CE, 4 août 1905, *Martin*, Rec.). L'annulation d'un acte « détachable » illégal ne débouchait qu'exceptionnellement sur l'annulation par ricochet du contrat lui-même et nécessitait l'intervention de trois juges : le juge de l'excès de pouvoir, le juge de l'exécution et le juge du contrat (CE, Sec., 7 octobre 1994, *Epoux Lopez*, n° 124244, Rec. ; CE, 10 décembre 2003, *Institut de recherche pour le développement*, n°248950, Rec. ; CE, 21 février 2011, *Société Ophrys*, n°337349, Rec.).

Cette distinction entre les parties et les tiers au contrat était justifiée par la nécessité de préserver la stabilité des relations contractuelles en empêchant que des tiers puissent obtenir l'annulation de contrats en cours d'exécution.

Depuis quelques années, deux mouvements fragilisaient cette construction.

D'une part, une catégorie particulière de tiers – les candidats évincés lors de la procédure de passation – s'est vu ouvrir des voies de contestation directe du contrat. D'abord le Conseil d'État leur a permis de former un recours devant le juge du contrat (CE, Ass., 16 juillet 2007, *Société Tropic Travaux Signalisation*, n° 291545, Rec.), puis le législateur leur a donné la possibilité, sous certaines conditions, de former un référé contractuel (articles L. 551-13 et suivants du code de justice administrative).

D'autre part, la jurisprudence a doté le juge du contrat de nouveaux outils lui permettant de sanctionner les éventuelles irrégularités d'un contrat autrement qu'en l'annulant rétroactivement de manière systématique (décision *Société Tropic Travaux Signalisation* précitée et CE, Ass., 28 décembre 2009, *Commune de Béziers*, n° 304802, Rec.), par exemple en le résiliant seulement pour l'avenir ou en décidant que l'intéressé n'a droit qu'à une réparation indemnitaire. Une ouverture plus large des voies de recours pouvait donc être compatible avec l'objectif de stabilité des relations contractuelles.

Par sa décision *Département de Tarn-et-Garonne*, le Conseil d'État a ainsi décidé d'ouvrir le recours direct contre le contrat à tous les tiers susceptibles d'être lésés, dans leurs intérêts, par sa passation ou ses clauses. Ces tiers peuvent à présent contester la validité du contrat ou de certaines de ses clauses, y compris en faisant valoir, devant le juge du contrat, l'illégalité des actes « détachables » du contrat. La voie du recours contre ces actes « détachables », devenue inutile, leur est désormais fermée.

Pour pouvoir saisir le juge du contrat, les tiers doivent justifier que leurs intérêts sont susceptibles d'être lésés de manière suffisamment directe et certaine. Sur le fond, ils ne peuvent se plaindre que des vices du contrat en rapport direct avec l'intérêt lésé dont ils se prévalent ou de ceux d'une gravité telle que le juge devrait les relever d'office. Le juge apprécie alors l'importance de ces vices et en tire les conséquences qui s'imposent. Il peut, selon les cas, décider que la poursuite de l'exécution du contrat est possible, inviter les parties à le régulariser, ou encore décider de résilier le contrat à compter d'une date fixée par lui. C'est seulement dans les cas où le contrat a un contenu illicite, ou s'il se trouve affecté d'un vice de consentement ou de tout autre vice d'une particulière gravité, que le juge, après avoir vérifié que sa décision ne porte pas une atteinte excessive à l'intérêt général, en prononce l'annulation totale. Il peut dans certains cas condamner les parties à verser une indemnité à l'auteur du recours qui a subi un préjudice.

Le même recours est ouvert aux élus des collectivités territoriales concernées par le contrat et au préfet de département chargé du contrôle de légalité. Toutefois, compte tenu des intérêts dont ils ont la charge, ces requérants peuvent invoquer tout vice entachant le contrat. En outre, dans le cadre du contrôle de légalité, le préfet de département peut continuer de demander l'annulation des actes « détachables » du contrat tant que celui-ci n'est pas signé.

En raison de l'impératif de sécurité juridique tenant à ce qu'il ne soit pas porté une atteinte excessive aux relations contractuelles en cours, le Conseil d'État a précisé que la nouvelle voie de recours ouverte par sa décision *Département du Tarn-et-Garonne* ne pourrait être exercée par les tiers qui n'en bénéficiaient pas auparavant que contre les contrats signés à compter de la date de cette décision (à savoir le 4 avril 2014). L'ancienne voie de recours contre les actes « détachables » reste ouverte pour les contrats conclus avant cette date.

Société immobilière du port de Boulogne

Par une décision du 19 juin 2015, la section a posé comme principe qu'une convention d'autorisation d'occuper le domaine public ne peut être non écrite. Elle a par ailleurs jugé qu'un requérant, dont le juge a écarté pour absence de contrat les conclusions indemnitaires présentées sur le terrain de la responsabilité contractuelle, peut se prévaloir, malgré l'expiration du délai de recours, d'un autre fondement juridique.

CE, Sec., 19 juin 2015, Société immobilière du port de Boulogne, n° 369558, Rec.

Une société avait demandé à la chambre de commerce et d'industrie de Boulogne-sur-Mer qui exploite le port de cette ville l'autorisation d'y construire un hangar. Un projet de contrat avait été établi, sans être signé. Les conditions financières de l'occupation du domaine public avaient toutefois été précisées dans une lettre de la chambre de commerce et d'industrie du 3 février 1995. La société avait construit et exploité le hangar. La société immobilière du port de Boulogne (SIPB), venue aux droits de la première société, avait informé la chambre de commerce de son intention de reprendre directement la gestion du hangar qu'elle avait loué et lui avait demandé la prolongation de la convention jusqu'en 2020. La CCI a alors répondu qu'il n'existait aucune convention l'autorisant à occuper le domaine public. Estimant que la CCI avait illégalement résilié la convention, la SIPB a saisi le tribunal administratif de Lille d'une demande mettant en cause la responsabilité contractuelle de la CCI et tendant à sa condamnation à lui payer la somme d'environ 1,6 million d'euros. La cour administrative d'appel de Douai a, d'une part, confirmé le jugement ayant écarté la responsabilité contractuelle de la CCI, d'autre part, rejeté comme irrecevables ses conclusions indemnitaires fondées sur l'enrichissement sans cause et sur la faute quasi-délictuelle de la CCI.

La première question du pourvoi portait donc sur la responsabilité contractuelle de la CCI, plus exactement sur la possibilité d'avoir un contrat non écrit en matière d'autorisation d'occupation du domaine public.

La conclusion d'un contrat administratif n'est soumise à aucun formalisme et la jurisprudence admet l'existence de contrat non écrit, qu'il soit verbal (CE, Sec., 20 avril 1956, *Époux Bertin*, n° 98637, Rec. ; CE, 15 juillet 2004, *Mme Rauzier*, n° 238543, Rec.) ou tacite (CE, 2 février 2000, *Commune de la Grande-Motte*, n° 196158, T.). L'article L. 2122-1 du code général de la propriété des personnes publiques n'impose pas explicitement le caractère écrit de l'autorisation sans laquelle nul ne peut occuper une dépendance du domaine public d'une personne publique. Une décision du 21 mars 2003 Syndicat intercommunal de la périphérie de Paris pour l'électricité et les réseaux (n° 189191, Rec.) juge toutefois que le pouvoir réglementaire ne pouvait légalement instaurer un régime d'autorisation unilatérale tacite d'occupation du domaine public. Rien ne justifiait une solution différente à l'égard des conventions domaniales verbales. La règle rappelée par l'article L. 2121-1 du CGPPP, en vertu de laquelle l'autorisation privative du domaine public ne peut être délivrée qu'aux utilisations compatibles avec l'affectation du domaine à l'utilité publique, nécessite que l'autorisation soit définie dans ses modalités et ses limites, ce qui est difficilement compatible avec une convention verbale. Par ailleurs, il fallait tenir compte de la difficulté de prouver l'existence d'un contrat verbal, alors même que la jurisprudence juge de façon constante que le fait, pour un gestionnaire du domaine, de tolérer la présence d'une personne sur celui-ci et de lui faire payer des redevances domaniales ne vaut pas autorisation d'occupation (voir p. ex. CE, 2 avril 2003, *M. Saurin*, n° 237968, T). La section du contentieux a donc, assez logiquement, reconnu l'obligation du caractère écrit de toute convention portant autorisation d'occuper le domaine public.

Restait une seconde question : après que l'absence de contrat a été relevée, et partant, l'absence de bien-fondé des conclusions indemnitaires fondées sur la responsabilité contractuelle, le requérant pouvait-il, après l'expiration du délai de recours ou pour la première fois en appel, présenter des conclusions indemnitaires fondées sur une autre cause juridique ? Le principe de cristallisation du débat contentieux rend irrecevables les conclusions nouvelles, par leur objet ou fondées sur une cause juridique distincte, après expiration du délai de recours contentieux en excès de pouvoir (CE, Sec., 20 février 1953, *Intercopie*, n° 9772, Rec.). De même, en matière contractuelle, la jurisprudence distingue la demande fondée sur les obligations contractuelles de celle reposant sur la responsabilité quasi-contractuelle à raison d'un enrichissement sans cause ou sur la responsabilité quasi-délictuelle. N'étant pas d'ordre public, ces causes juridiques distinctes doivent être invoquées dans le délai de recours.

La décision de section du 20 octobre 2000, *Société Citecable Est* (n° 196553, Rec.) a toutefois apporté un premier assouplissement à cette jurisprudence lorsque le juge est conduit à constater la nullité du contrat dont la méconnaissance fondait la demande indemnitaire. Les parties sont alors autorisées à poursuivre le litige sur une cause juridique nouvelle, enrichissement sans cause ou faute, ces moyens pouvant être soulevés pour la première fois en appel lorsque la nullité est prononcée en première instance (CE, 9 décembre 2011, *Commune d'Alès*, n° 342283, T.). Les différences existant entre nullité du contrat et absence de contrat n'ont pas retenu la section pour juger que la jurisprudence *Société Citecable Est* pouvait être étendue dans le cas d'absence de contrat. D'une part, l'absence de contrat peut, comme la nullité, être révélée au cours de l'instance, d'autre part, les règles de prescription pourraient faire obstacle à une nouvelle saisine du juge sur un autre fondement, enfin, au regard de ses effets, l'absence de contrat comme la nullité ouvrent les mêmes causes juridiques, l'absence de contrat ayant, depuis la décision d'assemblée *Commune de Béziers* (28 décembre 2009, n° 304802, Rec) permettant d'autoriser la poursuite des relations contractuelles malgré la nullité du contrat, des conséquences potentiellement plus lourdes que la nullité. Les considérations de bonne administration de la justice qui avaient fondé la jurisprudence *Société Citecable Est* justifiaient donc son extension aux cas d'absence de contrat.

Résiliation d'une délégation de service public

Commune de Propriano

Le Conseil d'État a précisé le sort qu'il convenait de réserver aux contrats conclus par un délégataire de service public avec les usagers ou les autres tiers en cas de résiliation du contrat de délégation. Il a jugé que la personne publique se substitue de plein droit à son ancien délégataire pour l'exécution des contrats conclus avec les usagers ou avec d'autres tiers pour l'exécution du service, à l'exception de ceux qui ne pourraient être regardés comme des engagements normalement pris.

CE, Sec., 19 décembre 2014, Commune de Propriano, n° 368294, Rec.

Le Conseil d'État était saisi d'un litige relatif à la reprise, par la commune de Propriano, d'un contrat de garantie d'usage d'un poste d'amarrage de longue durée conclu par son ancien délégataire dont elle avait prononcé la déchéance. Saisi par l'usager titulaire de ce contrat de conclusions indemnitaires tendant à ce que la commune de Propriano soit condamnée, sur le terrain contractuel, à l'indemniser du préjudice né de l'inexécution du contrat, le tribunal administratif de Bastia a rejeté cette demande au motif que le contrat de garantie d'usage ne pouvait être regardé comme un engagement normalement pris. La cour administrative d'appel de marseille a annulé ce jugement et fait partiellement droit aux conclusions indemnitaires du requérant au motif notamment que le délégant était tenu de reprendre les contrats conclus par le délégataire avec les usagers du service public.

Le Conseil d'État a tout d'abord jugé, sans préjudice des dispositions législatives applicables notamment en matière de transfert de contrat de travail, qu'en cas de résiliation d'un contrat portant exécution d'un service public, quel qu'en soit le motif, la personne publique, à laquelle il appartient de garantir la continuité du service public et son bon fonctionnement, se substitue de plein droit à son ancien cocontractant pour l'exécution des contrats conclus avec les usagers ou avec d'autres tiers pour l'exécution même du service.

Le Conseil d'État précise toutefois que la substitution de la personne publique ne s'impose que si les contrats en cause ne comportent pas d'engagements anormalement pris, c'est-à-dire des engagements qu'une interprétation raisonnable du contrat relatif à l'exécution d'un service public ne permettait pas de prendre au regard notamment de leur objet, de leurs conditions d'exécution ou de leur durée, à moins que, dans ce cas, la personne publique n'ait donné, dans le respect de la réglementation applicable, son accord à leur conclusion. En outre, pour l'application de ces règles, la substitution de la personne publique n'emporte pas le transfert des dettes et créances nées de l'exécution antérieure des contrats conclus par l'ancien cocontractant de la personne publique, qu'il s'agisse des contrats conclus avec les usagers du service public ou de ceux conclus avec les autres tiers.

Le Conseil d'État confirme ainsi tout en les actualisant les principes qu'il avait dégagés dans ses décisions du 16 juin 1922, *Compagnie générale des eaux c/ ministre de la marine et ville de Toulon* (n° 66707, 67094, Rec.) et du 24 mars 1926, *Compagnie générale des eaux c/ ville de Lyon* (n° 79424, Rec.).

La cour administrative d'appel ayant jugé que la commune de Propriano était tenue de venir aux droits de son ancien délégataire dans l'ensemble de ses rapports avec les usagers du port dès lors que la délégation de service public avait été résiliée et que, par suite, la commune ne pouvait utilement se prévaloir de ce que le contrat conclu entre le requérant et cette société ne pouvait être regardé comme un engagement normalement pris pour l'exploitation du service public, le Conseil d'État a annulé son arrêt pour erreur de droit.

Réglant l'affaire au fond, le Conseil d'État a pu illustrer la notion d'engagement anormalement pris.

Il a ainsi considéré que la seule adaptation de la grille tarifaire aux caractéristiques de l'emplacement objet du contrat litigieux ne suffisait pas à regarder ce dernier comme un engagement qu'une interprétation raisonnable de la convention de délégation de service public ne lui permettait pas de prendre. Le Conseil d'État a en revanche jugé que la méconnaissance des dispositions réglementaires du contrat de délégation de service public en vertu desquelles la garantie d'usage de postes d'amarrage ou de mouillage accordée à une personne physique ou morale ne doit pas permettre l'affectation privative d'un ou plusieurs postes déterminés suffisait à justifier que la commune de Propriano refuse de se substituer au délégataire déchu pour poursuivre l'exécution du contrat litigieux.

Contributions et taxes

Fiscalité internationale

M. Giorgis

La formation de plénière fiscale du Conseil d'État a précisé la portée de la convention fiscale franco-monégasque : parmi les Français domiciliés à Monaco, seules sont assujetties en France à l'impôt sur le revenu, dans les mêmes conditions que si elles avaient leur domicile ou leur résidence en France, les personnes qui ont transféré à Monaco leur domicile ou leur résidence après le 13 octobre 1962 et celles qui l'ont fait auparavant mais ne pouvaient justifier, à cette même date, de cinq ans de résidence habituelle à Monaco. En sont donc exclues les personnes qui, y ayant constamment résidé depuis leur naissance, n'y ont jamais transféré leur domicile.

CE, Plén. fiscale, 11 avril 2014 , M. Giorgis, n° 362237, Rec.

Un contribuable de nationalité française, résidant sur le territoire de la Principauté de Monaco, où il était né et avait toujours résidé, contestait le principe de son assujettissement à l'impôt sur le revenu en France à raison de l'ensemble de ses revenus. Il se prévalait du principe de non-discrimination inscrit à l'article 14 de la Convention européenne de sauvegarde des droits de l'homme et des libertés fondamentales (Convention EDH), en combinaison avec le droit au respect des biens garanti par l'article 1er du premier protocole additionnel à cette convention. Il soutenait d'autre part que les stipulations de l'article 7 de la convention fiscale franco-monégasque du 18 mai 1963 ne visaient pas les personnes françaises nées à Monaco et n'y ayant jamais à strictement parler transféré leur domicile.

La formation de plénière fiscale du Conseil d'État a tout d'abord jugé que le contribuable ne pouvait pas utilement se prévaloir de la Convention EDH pour soutenir qu'il faisait l'objet d'une discrimination vis-à-vis des ressortissants d'autres États qui résident à Monaco. En effet, en vertu de l'article 1er de la Convention, les États parties ne garantissent le respect des droits et libertés reconnus par celle-ci qu'aux personnes relevant de leur juridiction. Dès lors, seules les discriminations qu'un État partie institue ou maintient, dans l'exercice de sa juridiction, entre les personnes qui en relèvent sont prohibées par l'article 14. Or, si un ressortissant français résidant à Monaco relève bien, à raison de sa nationalité, de la juridiction de la France, tel n'est pas le cas des personnes qui résident à Monaco et n'ont pas la nationalité française.

En revanche, le Conseil d'État a fait droit aux conclusions du contribuable en faisant évoluer l'interprétation qu'il avait du champ d'application des stipulations de l'article 7 de la convention fiscale franco-monégasque du 18 mai 1963.

Deux décisions de sous-sections réunies s'étaient prononcées sur l'interprétation de ces stipulations (CE, 2 novembre 2011, *M. Rapetto*, n° 340438, T. ; CE, 1er février 2012, *Mme Alberola et autres*, n° 340866, T.). Ces décisions avaient déduit de ces stipulations que les personnes physiques de nationalité française résidant à Monaco sont assujetties en France à l'impôt sur le revenu dans les mêmes conditions que si elles avaient leur domicile ou leur résidence en France, « *soit lorsqu'elles transportent à Monaco leur domicile ou leur résidence, soit lorsqu'elles n'ont pu justifier de cinq ans de résidence habituelle à Monaco à la date du 13 octobre 1962, ce qui est le cas si elles sont nées à Monaco après la date marquant le point de départ de cette période de cinq ans* ».

Par la décision *M. Giorgis*, la plénière fiscale a finalement abandonné cette jurisprudence. Elle a estimé, en effet, que les stipulations en cause de l'article 7 de la convention devaient être interprétées au regard de leur contexte et à la lumière de leur objet et de leur but, conformément aux principes usuels d'interprétation des traités. Ainsi, elle a relevé que l'intention des parties à la convention était de lutter contre l'évasion fiscale. Elle en a déduit que les Français résidant à Monaco qui devaient, en vertu de ces stipulations, être assujettis en France à l'impôt sur le revenu dans les mêmes conditions que s'ils avaient leur domicile ou leur résidence en France, étaient seulement ceux qui avaient transféré leur domicile ou leur résidence à Monaco après le 13 octobre 1962 et ceux qui l'avaient fait auparavant mais ne pouvaient justifier, à cette même date, de cinq ans de résidence habituelle à Monaco. En sont donc exclues des stipulations de l'article 7 de la convention franco-monégasque les personnes de nationalité française qui, ayant constamment résidé à Monaco depuis leur naissance, n'y ont jamais transféré leur domicile.

Ministre délégué, chargé du budget c/ Société Lufthansa AG

Le Conseil d'État, par une décision rendue en plénière fiscale le 24 novembre 2014, a apporté une précision inédite sur la portée des stipulations de l'article 6 de la convention fiscale franco-allemande du 21 juillet 1959 relatif au régime d'imposition des entreprises de navigation aérienne et maritime, stipulations qui se retrouvent dans de nombreuses autres conventions fiscales bilatérales conclues avec des pays dont les compagnies aériennes sont susceptibles de disposer en France d'établissements stables. Il a jugé que ces stipulations font obstacle à ce que ces établissements soient assujettis à la taxe d'habitation sur le fondement de l'article 1407 du code général des impôts.

CE, Plén. fiscale, 24 novembre 2014, Ministre délégué, chargé du budget c/ Société Lufthansa AG, n° 368935, Rec.

L'article 1407 du code général des impôts prévoit que la taxe d'habitation est due au titre des « *locaux meublés conformément à leur destination et occupés à titre privatif par les sociétés, associations et organismes privés et qui ne sont pas retenus pour l'établissement de la taxe professionnelle* » ou, à compter de l'année 2010, de la cotisation foncière des entreprises. La jurisprudence a déduit de ces dispositions que la circonstance qu'un organisme soit exonéré de tout impôt direct ne fait pas obstacle à ce qu'il soit soumis à la taxe d'habitation à raison des locaux qu'il occupe.

En l'espèce, il n'était pas contesté que la succursale française de la société Lufthansa bénéficiait d'une exonération de taxe professionnelle en application des stipulations combinées de l'article 6 de la convention fiscale franco-allemande du 21 juillet 1959, dont le paragraphe 4 prévoit expressément une exonération de la patente, et du paragraphe 3 de son article 1er qui précise qu'elle « *s'applique à tous autres impôts analogues ou semblables par leur nature qui pourront être institués, après sa signature, dans l'un des États contractants* », soit à la taxe professionnelle puis à la cotisation foncière des entreprises qui ont succédé à la patente.

La société de transport aérien de droit allemand Lufthansa AG a donc été assujettie, sur le fondement des dispositions de l'article 1407 du code général des impôts, à la taxe d'habitation à raison des locaux occupés par sa succursale française à Boulogne-Billancourt.

Le Conseil d'État a d'abord jugé, censurant le jugement du tribunal administratif qui avait déchargé la société de ces impositions, que des locaux au titre desquels l'occupant était passible de taxe professionnelle ou de cotisation foncière des entreprises au regard du droit interne ne peuvent être regardés comme ayant été retenus pour l'établissement de ces impositions, au sens de l'article 1407 du code général des impôts, dès lors que le contribuable en a été exonéré, quel que soit le fondement de cette exonération, et sont donc, en principe, imposables à la taxe d'habitation en vertu de ces dispositions.

Réglant l'affaire au fond, il a ensuite fait application de sa jurisprudence selon laquelle si les stipulations d'une convention fiscale doivent être interprétées conformément au sens ordinaire à attribuer à leurs termes, il y a également lieu de tenir compte de leur contexte et de les interpréter à la lumière de leur objet et de leur but (notamment Plénière fiscale, 11 avril 2014, *M. Giorgis*, n° 362237, Rec.). Il a ainsi estimé que l'objet des stipulations du § 4 de l'article 6 de la convention fiscale franco-allemande était d'exempter les sociétés de transport aérien implantées dans l'autre État sous forme de succursale non pas uniquement de l'impôt sur les bénéfices, mais également des autres impositions économiques locales, ce qui faisait obstacle à ce, que dans le silence de la convention, l'administration fiscale française puisse substituer à la taxe professionnelle des impositions locales subsidiaires. Il a donc jugé que ces stipulations faisaient obstacle à l'assujettissement de la société Lufthansa AG à la taxe d'habitation sur le fondement de l'article 1407 du code général des impôts.

Société Artémis

Saisi d'un litige sur le traitement fiscal d'une opération impliquant une société de droit étranger, le juge français de l'impôt doit procéder en deux temps successifs : dans un premier temps, il doit identifier, au regard de l'ensemble des caractéristiques de cette société et du droit qui en régit la constitution et le fonctionnement, le type de société de droit français auquel la société de droit étranger est assimilable ; dans un second temps, il doit déterminer le régime applicable à l'opération litigieuse au regard de la loi fiscale française, en ne se référant aucunement à la loi fiscale étrangère.

CE, Plén. fiscale, 24 novembre 2014, Société Artémis, n° 363556, Rec.

Par cette décision, le Conseil d'État a clarifié la méthode que le juge français de l'impôt doit suivre lorsqu'il est saisi d'un litige portant sur le traitement fiscal d'une opération impliquant une société de droit étranger. Cette méthode se décompose en deux temps : tout d'abord, il appartient au juge d'identifier, au regard de l'ensemble des caractéristiques de cette société et du droit qui en régit la constitution et le fonctionnement, le type de société de droit français auquel la société de droit étranger est assimilable ; puis, dans un second temps, le juge doit, compte tenu de ces constatations, déterminer le régime applicable à l'opération litigieuse au regard de la loi fiscale française.

Ainsi, le juge de l'impôt doit tenir compte de la loi étrangère, non pas comme une règle juridique qui le lierait, mais comme un élément de fait qui lui permet de préciser les caractéristiques d'une opération soumise à un droit étranger. Le juge fiscal ne saurait toutefois appliquer le droit étranger et ne doit tirer de conclusions quant au traitement fiscal de la situation qu'au vu de la seule loi française.

C'est cette grille d'analyse que la plénière fiscale du Conseil d'État a appliqué en l'espèce, approuvant le juge d'appel d'avoir assimilé un *partnership* à une société de personnes, régie par l'article 8 du code général des impôts. En effet, à la lumière du droit des sociétés des États-Unis, un *partnership* s'assimile à une société de personnes française dès lors qu'il constitue une forme de société reposant sur un contrat conclu entre des personnes qui souhaitent mettre en commun des moyens personnels en vue de la réalisation d'un projet d'entreprise.

Or, en vertu de l'article 145 du code général des impôts, les sociétés de personnes qui n'auraient pas opté pour l'impôt sur les sociétés sont exclues du champ d'application du régime mère-fille. Assimiler le *partnership* à une société de personnes de l'article 8 du code général des impôts faisait donc obstacle à ce que la société française dont il était la filiale bénéficie du régime mère-fille. La société requérante se prévalait, à cet égard, de ce qu'en droit américain un partnership est, sauf cas particulier, une structure parfaitement transparente sur le plan fiscal, les revenus perçus par le partnership étant réputés avoir été appréhendés directement par l'associé. Mais si le juge fiscal français doit utiliser le droit américain pour déterminer à quel type de société assimiler la société américaine en cause, il ne doit ensuite appliquer que la loi fiscale française, laquelle prévoit, pour les sociétés de personnes de l'article 8 du code général des impôts, un régime non pas de transparence parfaite mais de « translucidité » ou « semi-transparence ».

Cette décision contient, par ailleurs, deux autres apports jurisprudentiels.

D'une part, le Conseil d'État a précisé que les dispositions de l'article 238 bis K du code général des impôts n'ont aucune incidence sur l'exclusion des sociétés de personnes qui n'auraient pas opté pour l'impôt sur les sociétés du champ d'application du régime mère-fille, puisqu'elles constituent, pour l'associé soumis à l'impôt sur les sociétés d'une société de personnes, une règle de détermination du bénéfice imposable correspondant à ses droits dans cette société de personnes, et non pas une règle de détermination du régime d'imposition de cette dernière.

D'autre part, le Conseil d'État a également été amené à interpréter les stipulations du paragraphe 4 de l'article 7 de la convention fiscale franco-américaine du 31 août 1994, relatives aux revenus et bénéfices des partnerships. La société requérante soutenait que la transparence que reconnaissait cette convention à un *partnership* valait non seulement pour déterminer le pays d'imposition des sommes perçues par le *partnership*, mais également pour appliquer la loi française. Le Conseil d'État n'a pas suivi cette argumentation : il a jugé qu'une convention fiscale bilatérale, à défaut d'indication expresse contraire, n'a d'autre objet que de procéder à la répartition du pouvoir d'imposer les bénéfices réalisés par les entreprises résidentes de l'un des deux États contractants. Ainsi, faute de l'avoir expressément prévu, les stipulations de la convention franco-américaine en cause ne sauraient avoir une quelconque incidence sur les qualifications fiscales issues de la loi interne.

Liberté d'établissement et libre circulation des capitaux

Société Bolloré

Dans une décision Société Bolloré du 4 juillet 2014 rendue en formation de plénière fiscale, le Conseil d'État a jugé le dispositif de lutte contre l'évasion fiscale prévu à l'article 209 B du code général des impôts, dans sa rédaction antérieure à 2005, partiellement incompatible avec la liberté d'établissement consacrée par le traité sur le fonctionnement de l'Union européenne.

CE, Plén. fiscale, 4 juillet 2014, Société Bolloré, n°s 357264 et 359924, Rec.

A l'occasion d'une opération de fusion-absorption placée sous le régime de l'article 210 A du code général des impôts, la société requérante a recueilli, en 1998, des participations que la société absorbée détenait depuis 1988 dans le capital de trois sociétés étrangères. L'administration ayant estimé que ces dernières sociétés bénéficiaient d'un régime fiscal privilégié au sens de l'article 238 A du code général des impôts, elle a réintégré leurs résultats bénéficiaires dans l'assiette de l'impôt sur les sociétés dû par la société requérante à proportion de sa participation dans chacune de ces sociétés, comme le lui permettait l'article 209 B, un outil de lutte contre l'évasion fiscale internationale visant à dissuader les sociétés passibles en France de l'impôt sur les sociétés de localiser une partie de leurs bénéfices dans des sociétés ou groupements soumis, dans d'autres États membres de l'Union européenne ou dans des pays tiers, à un régime fiscal privilégié.

Saisi du litige, le Conseil d'État a tranché des questions de nature différente portant l'une sur le terrain légal et l'autre sur le terrain conventionnel.

S'agissant en premier lieu de l'article 209 B lui-même, la société requérante faisait valoir que les participations qu'elle détenait dans deux des sociétés étrangères étaient inférieures à 25 %, seuil de déclenchement de l'application de l'article 209 B prévalant jusqu'en 1993 et maintenu pour dix ans, à compter de cette date, pour les participations acquises avant le 30 septembre 1992. Or si la fusion-absorption avait eu lieu en 1998, les participations concernées étaient entrées dans le patrimoine de la société absorbée depuis 1988. Le Conseil d'État a donné raison à la société requérante en tirant les conséquences, pour l'application de la mesure transitoire prévue au IV de l'article 209 B, du principe de neutralité fiscale des fusions placées sous le régime de faveur de l'article 210 A, dont il avait déjà déduit que les éléments d'actif transmis par une société absorbée doivent être regardés comme figurant dans le patrimoine de la société absorbante depuis la date de leur acquisition ou de leur création par la société absorbée (CE 11 février 2013, *Min. c/ Société Heineken France*, n° 356519, T. ; 20 mars 2013, *Min. c/ Société Générale*, n° 349669, Rec.).

La société soutenait en outre, s'agissant de la participation, supérieure à 25 %, qu'elle détenait dans la troisième société étrangère, qu'il résultait d'un arrêt rendu le 12 septembre 2006 par la Cour de justice des Communautés européennes dans une affaire *Cadbury Schweppes* (C-196/04), que le régime de l'article 209 B était contraire à la liberté d'établissement garantie par les articles 49 et 54 du traité sur le fonctionnement de l'Union européenne. Cet arrêt ne jugeait en effet compatible avec la liberté d'établissement un dispositif de lutte contre l'évasion fiscale similaire à celui de l'article 209 B qu'à la condition qu'il ne concerne que les montages purement artificiels, dépourvus de réalité économique, destinés à contourner la loi fiscale. Or, dans sa rédaction antérieure à 2005, l'article 209 B n'exonérait de l'imposition que les sociétés résidentes établissant l'absence d'effet principalement fiscal de l'implantation d'une filiale dans un État à fiscalité privilégiée. Le Conseil d'État n'en a pas déduit que le régime de l'article 209 B était entièrement contraire au traité : il a jugé l'article 209 B inconciliable avec la liberté d'établissement en tant seulement qu'il vise les résultats localisés à des fins principalement fiscales dans des sociétés étrangères bénéficiant d'un régime fiscal privilégié sans que ces dernières soient privées de toute substance, mais compatible avec cette liberté lorsqu'il s'applique à des sociétés ou groupements qui ont le caractère de montages purement artificiels destinés à éluder l'impôt normalement dû en France.

Ministre c/ Mme Lappe

Le Conseil d'État a jugé que l'article 164 C du code général des impôts, qui prévoit un assujettissement à l'impôt sur le revenu des personnes qui ne résident pas en France mais qui y possèdent une ou plusieurs habitations, contraire au principe de libre circulation des capitaux.

CE, Plén. fiscale, 11 avril 2014, Ministre c/ Mme Lappe, n° 332885, Rec.

Le Conseil d'État était saisi d'un pourvoi présenté une ressortissante allemande résidant à Monaco, qui avait été assujettie en France à l'impôt sur le revenu aux titres des années 2000 à 2002 à raison de la détention d'un bien immobilier dans les Alpes-Maritimes. Cet assujettissement était fondé sur l'article 164 C du code général des impôts qui prévoit que les personnes qui n'ont pas leur domicile fiscal en France, mais qui y disposent d'une ou plusieurs habitations, sont soumises à l'impôt sur le revenu sur une base égale à trois fois la valeur locative réelle des biens, à moins que leurs revenus de source française ne soient supérieurs à cette base.

La compatibilité de cet article aux engagements internationaux de la France avait déjà été mise en cause à plusieurs reprises, que ce soit sous l'angle des clauses de non-discrimination en fonction de la nationalité prévues par certaines conventions fiscales bilatérales (s'agissant de la convention fiscale franco-britannique : CE 11 juin 2003, *Ministre c. M. et Mme Biso*, n° 221076 et autres, RJF 8-9/03 n° 1018, concl. L. Vallée BDCF 8-9/03 n° 115) ou, plus récemment sous l'angle du droit de l'Union européenne et en particulier du principe de libre circulation des capitaux garanti par l'article 58 du traité instituant la Communauté européenne (TCE), devenu l'article 65 du traité sur le fonctionnement de l'Union européenne (TFUE) (CE, 26 décembre 2013, *Ministre c. M. et Mme Kramer*, n° 360488, RJF 2/14 n° 148, concl. F. Aladjidi BDCF 2/14 n° 20). Aucune décision n'avait cependant jusque là expressément pris position sur la compatibilité de cet article au TFUE.

Dans l'affaire *Ministre c. Mme Lappe*, le Conseil d'État, réuni en plénière fiscale, a d'abord jugé que les dispositions de l'article 164 C du code général des impôts constituaient effectivement une restriction à la libre circulation des capitaux en ce qu'elles avaient pour objet et pour effet de soumettre la détention en France d'immeubles d'habitation à une imposition n'étant due que par les personnes qui n'y sont pas fiscalement domiciliées, et donc de dissuader ces dernières d'y acquérir ou d'y détenir de tels immeubles.

Le Conseil d'État a ensuite examiné la question de savoir si une telle restriction était admissible au regard des exigences découlant du droit de l'Union européenne, puisque l'article 58 du TCE, devenu l'article 65 du TFUE, reconnaît aux États membres le droit d'appliquer les dispositions pertinentes de leur législation fiscale qui établissent des distinctions entre les contribuables qui ne se trouvent pas dans la même situation en ce qui concerne leur résidence à condition qu'une telle distinction ne revête pas le caractère d'une discrimination arbitraire ou d'une restriction déguisée à la libre circulation des capitaux.

Pour apprécier le respect de ces conditions, le Conseil d'État a comparé les situations des personnes résidentes et non résidentes fiscales en France au regard des seules dispositions de l'article 164 C du code général des impôts, indépendamment de leur situation fiscale d'ensemble. Il en a conclu, d'une part, que ces personnes se trouvaient bien dans des situations comparables, et, d'autre part, que la distinction établie n'était motivée par aucune raison impérieuse d'intérêt général, et notamment pas celle, invoquée par le ministre, de soumettre les personnes non résidentes à une imposition progressive de leurs revenus, puisque les immeubles d'habitation visés par les dispositions critiquées sont en principe insusceptibles de produire des revenus.

En conséquence, le Conseil d'État, réglant l'affaire au fond, a écarté l'application à la requérante des dispositions l'article 164 C du code général des impôts et l'a déchargée des impositions en litige.

Détermination du résultat imposable

Société Fayat

Le Conseil d'État a jugé qu'il est obligatoire, pour déterminer les résultats imposables d'une société soumise à l'impôt sur les sociétés, de déduire les déficits reportés d'années antérieures après les charges de l'exercice. Le contribuable n'est donc pas libre de choisir l'ordre d'imputation des charges et des déficits reportés.

CE, Plén. fiscale, 10 avril 2015, Société Fayat, n° 369667, Rec.

La plénière fiscale du Conseil d'État a précisé les conditions dans lesquelles une société soumise à l'impôt sur les sociétés peut déduire de ses résultats ses déficits reportés des années antérieures.

En vertu du I de l'article 209 du code général des impôts, le déficit est « considéré comme une charge de l'exercice suivant et déduit du bénéfice réalisé » au cours de cet exercice. Ces dispositions précisent en outre qu'en cas de bénéfice insuffisant pour procéder intégralement à la déduction, l'excédent du déficit sur le bénéfice peut être reporté sur les exercices suivants.

Le Conseil d'État avait à interpréter l'expression « considéré comme une charge de l'exercice suivant ». En effet, l'article 39 du code général des impôts définit le bénéfice net servant d'assiette à l'impôt sur les sociétés comme établi sous déduction de toutes les charges admises en déduction fiscalement, notamment les amortissements ; il ne fixe ainsi aucune règle dans l'ordre de déduction de ces charges. Seule l'interprétation du I de l'article 209 du code général des impôts déterminait donc le litige : soit elle impliquait que le déficit reporté était une charge comme une autre, soit elle ne créait qu'une analogie, en conservant une particularité au déficit qui commandait de ne le déduire qu'après déduction de toutes les autres charges.

La plénière fiscale a tranché dans le sens de cette seconde interprétation. Elle a jugé que le déficit reporté ne peut être imputé sur le résultat qu'une fois que l'ensemble des charges de l'exercice ont été déduites, telles que les amortissements. Il existe donc un ordre d'imputation sur le bénéfice : si le législateur a prévu une analogie entre le déficit reporté et les charges de l'exercice, il n'a pas prévu que le déficit reporté constituait une charge identique aux autres.

Cette interprétation était confortée par une analyse de l'évolution dans le temps de la rédaction de l'article 209 du code général des impôts. En effet, dans un premier temps, alors que la rédaction de cet article était très proche de celle d'aujourd'hui, le Conseil d'État avait retenu, par une décision du 11 mars 1988, *Société Sunstrand France* (n° 48646, T.), une solution inverse de la solution qu'il a retenue dans la décision *Fayat* : il avait consacré, en l'absence d'interdiction formulée explicitement par le législateur, le libre choix pour une société d'imputer d'abord sur le résultat de l'exercice les déficits antérieurs reportés, avant de déduire d'autres charges, telles que les amortissements. Peu de temps après cette décision, toutefois, le législateur était intervenu pour créer, « par exception, » la faculté de déduire des déficits antérieurs avant les amortissements d'un exercice ; par cette intervention, il avait ainsi manifesté, en connaissance de la décision du Conseil d'État, que, dans sa conception, la règle de principe était que les déficits devaient être déduits après toutes les charges. Et l'évolution postérieure du texte n'avait pas remis en cause cette conception.

En revenant sur la décision *Société Sunstrand France*, la plénière fiscale a donc tenu compte de l'intention du législateur, et a retenu la règle de principe que celui-ci avait entendu fixer à l'article 209 du code général des impôts. Les déficits passés étant désormais susceptibles d'être reportés sans limite de temps, cet ordre d'imputation ne trouve plus à jouer que dans une hypothèse, lorsque une société rejoint un groupe fiscal intégré. En effet, dans cette situation, la société ne peut imputer ses déficits antérieurs à son entrée dans le groupe que sur ses résultats propres, et non sur ceux du groupe ; l'interdiction d'imputer les déficits avant d'autres charges empêche donc la société de créer des déficits postérieurs à son entrée dans le groupe, qui seraient alors imputables sur le résultat d'ensemble du groupe, de façon artificielle (les déficits venant s'imputer sur les résultats et les charges imputées ensuite venant constituer un nouveau déficit).

Caisse de règlements pécuniaires des avocats aux barreaux de Lyon et de l'Ardèche

Le Conseil d'État, a transposé aux caisses de règlements pécuniaires des avocats (Carpa) sa jurisprudence relative à la taxation à l'impôt sur les sociétés des revenus de capitaux mobiliers d'une association, dégagée dans des litiges relatifs aux comités interprofessionnels du logement (CIL). Il juge que les produits du placement des sommes en attente d'emploi, détenues par les Carpa dans le cadre de leur mission de conservation des fonds déposés par les avocats, dès lors qu'ils servent au financement des missions générales des Carpa, doivent être exceptés des bases d'imposition à l'impôt sur les sociétés.

CE, Plén. fiscale, 4 juillet 2014, Caisse de règlements pécuniaires des avocats aux barreaux de Lyon et de l'Ardèche, n° 361316, Rec.

L'article 206 du code général des impôts prévoit l'assujettissement à l'impôt sur les sociétés, au taux réduit, des revenus que les collectivités et établissements publics, les associations et les organismes qui n'effectuent pas d'opérations à caractère lucratif entraînant leur assujettissement à l'impôt sur les sociétés de droit commun, sont néanmoins susceptibles de tirer des locations d'immeubles dont ils sont propriétaires, d'exploitations agricoles ou forestières ou encore des revenus de capitaux mobiliers dont ils disposent.

Faisant application de cette règle, le juge de l'impôt distingue depuis la décision de section du 12 février 1988, *Comité intercoopératif et interprofessionnel du logement*, parmi les revenus ayant la nature de revenus fonciers, agricoles ou de capitaux mobiliers, d'une part, ceux de ces revenus qui sont indissociablement liés à la réalisation même de l'objet non lucratif de l'organisme concerné, d'autre part, ceux procédant d'une gestion patrimoniale, tels que les produits des placements en attente d'emploi, alors même que l'association n'en aurait la disposition qu'à titre de dépositaire. Il s'attache à cette fin à la provenance des revenus en cause et aux activités dont ils découlent, sans tenir compte, en aval, de leur affectation.

Le Conseil d'État, par une décision rendue en Plénière fiscale le 4 juillet 2014, *Caisse de règlements pécuniaires des avocats aux barreaux de Lyon et de l'Ardèche*, a transposé cette jurisprudence aux caisses de règlement pécuniaires des avocats (Carpa) en l'adaptant. En effet, une transposition mécanique aurait conduit à juger imposables au taux réduit les produits du placement des sommes en attente d'emploi, détenues par les Carpa dans le cadre de leur mission de conservation des fonds déposés par les avocats. Or, la mission même des Carpa est de conserver puis de reverser à leurs bénéficiaires les fonds confiés par les avocats, donc de détenir des fonds en attente, à la différence des CIL, qui ont pour mission non de conserver mais de collecter la participation des employeurs à l'effort de construction et de consentir des prêts et dont les sommes en attentes d'emploi sont par suite imposables. En outre, le Conseil d'État avait déjà, dans une décision du 17 mai 1999, *Syndicat des avocats de France et autres,* implicitement admis que le placement des fonds reçus des avocats et l'affectation des produits qui en sont issus à des missions d'intérêt général et collectif sont consubstantiels à la mission de conservation confiée aux caisses par la loi.

Dans ces conditions, le Conseil d'État, s'inscrivant dans la continuité de la jurisprudence tracée par le précédent de section du 12 février 1988 sans remettre en cause l'exigence d'un lien en amont, au stade de la génération du produit financier, avec la réalisation des buts non lucratifs de l'organisme, a jugé qu'il était en présence, non pas de produits procédant d'une gestion patrimoniale et d'une activité de placement distincte des missions confiées aux caisses par la loi et le règlement, mais bien de produits « inhérents à la réalisation même de leur objet social, tel qu'il est défini par les textes qui les régissent » et dont la « perception découle de la réalisation même de la mission désintéressée » qui leur est assignée.

Contribution au service public de l'électricité

Société Praxair

Le Conseil d'État précise les règles procédurales applicables aux demandes tendant au remboursement de la contribution au service public de l'électricité, imposition « innommée » qui n'est régie ni par le code général des impôts ni par le livre des procédures fiscales. Il examine également la question de savoir quand une imposition doit être considérée comme faisant partie intégrante d'une aide d'État.

CE, Sec., Avis, 22 juillet 2015, Société Praxair, n° 388853, Rec.

Au cours de l'année 2014, plus de 12 000 contribuables ont demandé au tribunal administratif de Paris le remboursement de la contribution au service public de l'électricité (CSPE) qu'ils avaient acquittée, au motif que cet impôt serait illégal en tant qu'il finance une aide d'État n'ayant pas été notifiée à la Commission européenne. La Cour de justice de l'Union européenne a en effet jugé, dans un arrêt *Vent de Colère !* du 19 décembre 2013, que l'obligation d'achat de l'électricité produite par les éoliennes, instituée en 2000 en vue de favoriser ce mode de production d'électricité et financée par la CSPE, constituait une aide d'État.

Le Conseil d'État a été saisi par la cour administrative d'appel de Paris, selon la procédure d'avis contentieux prévue à l'article L. 113-1 du code de justice administrative, d'une demande d'avis visant à apporter une réponse aux différentes questions soulevées par ces requêtes.

En premier lieu, il a précisé les règles de procédure applicables aux demandes tendant au remboursement de cet impôt. Ces règles n'avaient en effet rien d'évident dans la mesure où cet impôt, qui n'est pas perçu par l'administration fiscale, n'est régi ni par le code général des impôts ni, sous certaines réserves, par le livre des procédures fiscales. L'article R. 772-1 du code de justice administrative prévoit que les requêtes relatives aux taxes dont le contentieux relève de la compétence de la juridiction administrative, autres que celles dont l'assiette ou le recouvrement est confié à la direction générale des finances publiques, sont, sauf disposition spéciale contraire, présentées et instruites dans les formes prévues par ce code. Pour déterminer l'autorité compétente pour examiner les réclamations tendant au remboursement de cet impôt, qui doivent être présentées préalablement à la saisine du juge, le Conseil d'État s'est donc fondé sur les règles prévues par le code de justice administrative qui, à son article R. 772-2, prévoit qu'elles doivent être adressées à la « *personne morale qui a établi la taxe* ». En l'espèce, il juge qu'il s'agit de la Commission de régulation de l'énergie, qui a compétence pour prendre les actes de redressement relatifs à cet impôt. Néanmoins, si un contribuable a par erreur adressé sa réclamation à une autre autorité administrative, sa requête ne sera pas pour autant irrecevable puisque l'article 20 de la loi du 12 avril 2000 relative aux droits des citoyens dans leurs relations avec les administrations prévoit une obligation de transmission des demandes mal dirigées entre autorités administratives : la réclamation mal dirigée et restée sans réponse sera donc réputée avoir été transmise à la CRE et rejetée implicitement par celle-ci. La section du contentieux a jugé que, pour l'application de ces dispositions, les fournisseurs et distributeurs d'électricité, qui envoient la facture sur laquelle figure le montant de la CSPE dû, devaient être regardés comme des autorités administratives.

S'agissant du délai dans lequel le contribuable doit présenter sa réclamation, la section du contentieux a jugé que le délai d'un an prévu par l'article R. 772-2 du code de justice administrative était applicable, alors même que ce texte ne vise que l'hypothèse où le contribuable a reçu un titre d'imposition, et non celle où, comme c'est le cas pour la CSPE, il acquitte spontanément l'impôt. Le Conseil d'État dégage à cette occasion un principe général du contentieux fiscal selon lequel le délai de réclamation est le même, que le contribuable demande la décharge de l'impôt après réception d'un titre exécutoire ou le remboursement après acquittement spontané.

En second lieu, le Conseil d'État devait déterminer si le fait que la CSPE finance une aide d'État illégale (puisque non notifiée) donnait droit au remboursement de cet impôt. Faisant application de la jurisprudence de la Cour de Luxembourg, il a jugé que tel n'était pas le cas. En effet, comme l'a jugé la Cour, notamment dans un arrêt du 22 décembre 2008 *Société Régie Networks*, l'illégalité de l'aide n'entraîne un droit au remboursement de la taxe que si un « lien d'affectation contraignant » les unit, ce qui suppose non seulement que le produit de la taxe soit « nécessairement affecté au financement de l'aide », mais aussi qu'il « influence directement l'importance de celle-ci ». Or ici, le montant de l'aide d'État, c'est-à-dire le surcoût résultant de l'obligation d'achat imposée aux fournisseurs historiques d'électricité, ne dépend pas du montant de la CSPE, mais seulement des tarifs de rachat définis par les ministres chargés de l'énergie et de l'économie. D'ailleurs, la CSPE collectée n'est pas suffisante pour couvrir les charges qu'elle doit financer. Le second critère n'était donc pas rempli.

Préfet délégué de Saint-Barthélemy et Saint-Martin

Le Conseil d'État juge qu'une collectivité d'outre-mer de l'article 74 disposant de la compétence fiscale peut prévoir, pour recouvrer une imposition, un prélèvement à la source assuré par une personne établie en dehors de son territoire.

CE, Sec., 30 novembre 2015, Préfet délégué de Saint-Barthélemy et Saint-Martin, n° 388299, Rec.

Par une délibération du 30 octobre 2014, le conseil territorial de la collectivité d'outre-mer de Saint-Martin a institué un prélèvement forfaitaire libératoire de 30%, assis sur la partie du revenu de solidarité active (RSA) dite « socle », financé par cette collectivité. Cette délibération prévoyait que le recouvrement de cette imposition était assuré par voie de prélèvement à la source par la caisse d'allocations familiales territorialement compétente, située à la Guadeloupe, donc en dehors de la collectivité. Estimant que la collectivité d'outre-mer de Saint-Martin ne pouvait compétemment mettre à la charge de cette caisse d'allocations familiales une obligation nouvelle non prévue par les textes, le préfet délégué de Saint-Barthélemy et de Saint-Martin a saisi le Conseil d'État, sur le fondement des dispositions de l'article L.O. 6343-2 du code général des collectivités territoriales, d'une demande tendant à l'annulation pour excès de pouvoir de cette délibération.

La question ayant justifié l'examen de l'affaire par la section du contentieux était celle de savoir si la compétence fiscale dévolue à une collectivité d'outre-mer de l'article 74 et dotée de l'autonomie, telle que la collectivité d'outre-mer de Saint-Martin, l'autorisait à confier les modalités de recouvrement d'une imposition instituée par elle à une personne domiciliée ou établie en dehors de son territoire. Cette question était jusque là inédite dans la jurisprudence.

Le Conseil d'État y a répondu par l'affirmative. Pour ce faire, il a raisonné en deux temps.

Il a d'abord réaffirmé sa jurisprudence *Société Électricité de France et Société Orange* (CE, 16 octobre 2013, n° 358701 et 359137, T.), en vertu de laquelle une collectivité d'outre-mer régie par l'article 74 de la Constitution est tenue d'exercer pleinement la compétence que lui a conférée le législateur organique lorsque, intervenant dans un domaine réservé, en métropole, au législateur par l'article 34 de la Constitution, elle crée un régime juridique et ne diffère pas son entrée en vigueur. Par conséquent, lorsqu'elle crée une imposition, une telle collectivité doit déterminer de manière complète et suffisamment précise son assiette, son taux et ses modalités de recouvrement, lesquelles comprennent les règles régissant le contrôle, le recouvrement, les garanties et les sanctions applicables à cette imposition.

Il a ensuite jugé, ce qui constitue le véritable apport de sa décision, que dès lors qu'une collectivité d'outre-mer de l'article 74 crée une imposition qui porte sur une assiette pour laquelle elle est compétente, il lui est loisible de prévoir que le recouvrement de cet impôt est effectué par voie de prélèvement à la source par le payeur des revenus imposés, quand bien même il ne serait pas domicilié sur son territoire, dès lors que ces revenus sont versés à des personnes qui, elles, ont bien leur domicile fiscal sur ce territoire. La mise en œuvre d'une telle modalité de recouvrement dans l'hypothèse où un organisme payeur établi sur le territoire européen de la France ou dans un département d'outre-mer s'abstiendrait de procéder au prélèvement à la source qui lui incombe peut cependant s'avérer complexe en pratique : dans un tel cas en effet, la décision du 30 novembre 2015 précise que le recouvrement relèverait des modalités prévues par une convention d'assistance administrative en matière fiscale conclue avec les autorités françaises.

Faisant application de cette solution au cas d'espèce, le Conseil d'État a jugé que le conseil territorial de la collectivité d'outre-mer de Saint-Martin pouvait légalement prévoir que la caisse d'allocations familiales de la Guadeloupe procèderait au prélèvement à la source de l'imposition forfaitaire libératoire de 30% qu'il a instituée sur le montant du RSA « socle », avant de rejeter la requête du préfet délégué de Saint-Barthélemy et de Saint-Martin.

Procédure juridictionnelle

Ministre délégué auprès du ministre de l'économie et des finances, chargé du budget c. M. Chehboun

Revenant sur une jurisprudence constante et bien établie depuis plus d'un quart de siècle, le Conseil d'État a jugé qu'il est loisible au juge fiscal de joindre deux ou plusieurs affaires, y compris lorsqu'elles concernent des contribuables ou des impositions distincts. Le fait de joindre ou non plusieurs requêtes n'a aucune incidence sur la régularité de la décision juridictionnelle, et ne peut donc être utilement contesté en appel ou en cassation.

CE, Sec., 23 octobre 2015, Ministre délégué auprès du ministre de l'économie et des finances, chargé du budget c. M. Chehboun, n°s 370251, 373530, Rec.

Depuis une décision de plénière du 14 juin 1989, *SA Moulin-Jacquot*, n° 61229, T., le Conseil d'État avait posé comme principe que le juge fiscal avait pour obligation de statuer par des décisions séparées sur des demandes émanant d'une part d'une personne physique en matière d'impôt sur le revenu et d'autre part d'une société en matière d'impôt sur les sociétés.

La décision *ministre c. M. Chehboun* du 23 octobre 2015 a permis à la section du contentieux de revenir sur cette jurisprudence bien établie. La section a abandonné la solution *SA Moulin-Jacquot* pour juger que dans l'intérêt d'une bonne administration de la justice, le juge administratif dispose, sans jamais y être tenu, de la faculté de joindre deux ou plusieurs affaires, y compris lorsqu'elles concernent des contribuables ou des impositions distincts. La section a précisé que la jonction est, par elle-même, insusceptible d'avoir un effet sur la régularité de la décision rendue et ne peut, par suite, être contestée en tant que telle devant le juge d'appel ou devant le juge de cassation.

Dans l'espèce jugée par la décision *ministre c. M. Chehboun*, le ministre chargé du budget soulevait un unique moyen de cassation, tiré de ce que le juge d'appel, qui a partiellement fait droit aux requêtes du contribuable, avaient commis une erreur de droit en ne relevant pas d'office le moyen tiré de l'irrégularité dont les premiers juges avaient entaché la procédure juridictionnelle, du fait de la jonction à laquelle ils avaient procédé. Le tribunal administratif de Rouen avait en effet joint, pour y statuer par un seul jugement, les deux requêtes présentées par M. Chehboun, relatives d'une part à des rappels de taxe sur la valeur ajoutée mis à la charge du seul requérant et, d'autre part, à une imposition supplémentaire sur le revenu mise à la charge des époux Chehboun par l'administration fiscale.

Le Conseil d'État a rejeté le recours du ministre.

Ce revirement jurisprudentiel s'inscrit dans un mouvement plus général du juge administratif, dépassant le seul domaine fiscal. Le Conseil d'État avait en effet récemment opéré un revirement similaire par une décision du 31 mars 2014 *Tavassoli* (n° 358820, T.), jugeant que les chambres disciplinaires de l'Ordre des médecins ne commettaient pas d'irrégularité en joignant des plaintes concernant des praticiens distincts.

Convention européenne de sauvegarde des droits de l'homme et des libertés fondamentales

Portée des arrêts de la Cour européenne des droits de l'homme

M. V.

L'Assemblée du contentieux a apporté de nouvelles précisions sur les modalités d'exécution, par l'administration et par son juge, des arrêts de la Cour européenne des droits de l'homme constatant une violation de la convention, s'agissant en particulier d'une sanction administrative devenue définitive.

CE, Ass., 30 juillet 2014, M. V., n° 358564, Rec.

M. V. avait fait l'objet d'une sanction d'interdiction définitive de l'activité de gestion pour le compte de tiers prononcée par la Commission des opérations de bourse. La Cour européenne des droits de l'homme, saisie par l'intéressé à la suite du rejet de son recours par le Conseil d'État, avait estimé que cette sanction avait été prise au terme d'une procédure contraire aux stipulations de l'article 6 § 1 de la convention européenne de sauvegarde des droits de l'homme et des libertés fondamentales. A la suite de cet arrêt, M. V. avait saisi le président de l'Autorité des marchés financiers (AMF) afin que sa sanction soit réexaminée ou relevée. Le Conseil d'État se trouvait saisi du recours dirigé contre le refus du président de l'AMF de faire droit à cette demande.

Ce nouveau litige a permis à l'assemblée du contentieux du Conseil d'État d'apporter de nouvelles précisions sur les conséquences à tirer, par l'administration et par son juge, d'un arrêt de la Cour européenne constatant une violation de la convention par un État partie. Elle a d'abord jugé qu'il résultait des stipulations de l'article 46 de la convention que la complète exécution d'un tel arrêt impliquait, en principe, que l'État condamné prenne toutes les mesures qu'appellent tant la réparation des conséquences que la violation de la convention a entraînées pour le requérant que la disparition de la source de cette violation. Eu égard à la nature essentiellement déclaratoire des arrêts de la Cour, c'est à l'État condamné qu'il revient de déterminer les moyens de s'acquitter de cette obligation. L'autorité qui s'attache aux arrêts de la Cour implique non seulement que l'État verse à l'intéressé les sommes que lui a allouées la Cour au titre de la satisfaction équitable, prévue par l'article 41 de la convention, mais aussi qu'il adopte, le cas échéant, les mesures individuelles et générales nécessaires pour mettre un terme à la violation constatée.

Le Conseil d'État a ensuite précisé les modalités d'exécution d'un tel arrêt dans le cas particulier de violations concernant une sanction administrative devenue définitive. L'exécution de l'arrêt de la Cour n'implique pas, en l'absence de procédure organisée à cette fin, que l'autorité administrative compétente réexamine la sanction. Elle ne peut davantage avoir pour effet de priver les décisions juridictionnelles - au nombre desquelles figurent notamment celles qui réforment en tout ou en partie une sanction administrative dans le cadre d'un recours de pleine juridiction - de leur caractère exécutoire. La décision d'Assemblée se place, sur ce point, dans la lignée des décisions *M. Chevrol* (CE, 11 février 2004, n° 257682, Rec.), jugeant qu'une condamnation par la Cour de Strasbourg n'implique pas de rouvrir une procédure juridictionnelle close à la suite de laquelle la Cour aurait été saisie, et *M. Baumet* (CE, Sec., 4 octobre 2012 n° 328502, Rec.), jugeant qu'à défaut de texte le prévoyant, il n'appartient pas au juge national de réexaminer une affaire définitivement jugée.

En revanche, le constat par la Cour d'une méconnaissance des droits garantis par la convention constitue un élément nouveau qui doit être pris en considération par l'autorité investie du pouvoir de sanction. Dès lors, il incombe à cette autorité, lorsqu'elle est saisie d'une demande en ce sens et que la sanction prononcée continue de produire des effets, d'apprécier si la poursuite de l'exécution de cette sanction méconnaît les exigences de la convention et, dans ce cas, d'y mettre fin, en tout ou en partie, eu égard aux intérêts dont elle a la charge, aux motifs de la sanction et à la gravité de ses effets ainsi qu'à la nature et à la gravité des manquements constatés par la Cour.

Domaine

Commune de Val-d'Isère

A l'occasion d'un litige relatif à une autorisation d'urbanisme, la section se prononce pour la première fois sur la domanialité des pistes de ski alpin.

CE, Sec., 28 avril 2014, Commune de Val-d'Isère, n° 349420, Rec.

Par un permis de construire de février 2007 et deux permis modificatifs délivrés en juillet et novembre 2007, la commune de Val-d'Isère a autorisé la société Doudoune Club à construire un bar-restaurant-discothèque partiellement enterré au pied des pistes de ski de la station. La cour administrative d'appel de Lyon ayant annulé le permis initial et le premier permis modificatif, la commune de Val-d'Isère s'est pourvue en cassation contre cet arrêt.

Après avoir cassé l'arrêt pour erreur de droit, le Conseil d'État est conduit à régler l'affaire au fond et à répondre au moyen tiré de ce que la construction envisagée empièterait sur des dépendances du domaine public de la commune sans que le pétitionnaire ait joint à sa demande l'autorisation d'occupation temporaire du domaine prévue par l'article R. 421-1-1 du code de l'urbanisme, dans sa rédaction applicable au litige.

Il fallait pour ce faire déterminer le statut du terrain d'assiette du projet litigieux. En vertu de l'article L. 2111-1 du code général de la propriété des personnes publiques, un bien appartenant à une personne publique relève du domaine public, sous réserve de dispositions législatives spéciales, dans deux hypothèses : s'il est affecté à l'usage direct du public ou s'il est affecté à un service public et a fait l'objet à cette fin d'un aménagement indispensable à l'exécution de cette mission.

Le critère de l'affectation à l'usage direct du public n'est pas approprié pour des pistes de ski, qui sont moins utilisées par les skieurs pour elles-mêmes que comme usagers du service public d'exploitation du domaine skiable. S'agissant du second critère, la jurisprudence avait déjà reconnu l'existence d'un service public de l'exploitation du domaine skiable, incluant celle des pistes de ski elles-mêmes (TC, 18 juin 2001, *Laborie et autres*, n° 3244-3246, T. ; CE, 19 février 2009, *Beaufils et autres*, n° 293020, Rec.).

Restait alors à reconnaître l'existence d'un aménagement indispensable à l'exécution de cette mission. Par une décision *M. Rebora* (CE, section, 12 décembre 1986, n° 51249, Rec.) le Conseil d'État avait jugé qu'une piste de ski ne constituait pas « par elle-même » un ouvrage public, c'est-à-dire qu'elle n'avait pas par principe cette qualité, dès lors qu'elle ne faisait pas systématiquement et nécessairement l'objet d'aménagements. Toutefois, l'aménagement de pistes de ski alpin est soumis, en vertu de l'article L. 473-1 du code de l'urbanisme, à une autorisation préalable délivrée par l'autorité compétente en matière de permis de construire, ce qui permet de traduire l'existence d'un aménagement indispensable.

La section juge donc qu'une piste de ski alpin qui n'a pu être ouverte qu'en vertu d'une autorisation d'aménagement a fait l'objet d'un aménagement indispensable à son affectation au service public de l'exploitation des pistes de ski. Les terrains d'assiette de cette piste, dès lors qu'ils appartiennent à une collectivité publique, font partie du domaine public de cette dernière.

S'agissant du sous-sol de la piste de ski, la section fait application de la « théorie de l'accessoire » en jugeant que le sous-sol de terrains appartenant au domaine public d'une commune fait également partie de ce domaine s'il comporte lui-même des aménagements ou des ouvrages qui, concourant à l'utilisation de la piste, en font un accessoire indissociable de celle-ci.

La configuration d'espèce permet de bien délimiter les contours du domaine public : si une partie de la parcelle en cause constitue la piste de ski elle-même et a fait l'objet d'un aménagement indispensable, la construction du bar-restaurant-discothèque est, pour sa part, réalisée sur la partie de la parcelle n'ayant fait l'objet d'aucun aménagement particulier et n'étant pas affectée à l'usage direct du public. Cet espace, clairement délimité et dissociable du reste de la parcelle, appartient donc au domaine privé de la commune. De même, le sous-sol du projet, qui accueille la piste de danse du Doudoune Club, ne peut être regardé comme un accessoire indissociable de la piste de ski et appartient lui aussi au domaine privé de la commune.

Reste un dernier obstacle pour répondre au moyen. Pour construire la partie enterrée du projet, il a fallu affouiller temporairement le sol au niveau de la piste de ski. Or l'article R. 421-1-1 du code de l'urbanisme, dans sa rédaction applicable au litige, exige la production d'une autorisation d'occupation temporaire du domaine public à l'appui de la demande de permis de construire lorsque la construction est subordonnée à une telle autorisation.

La section juge que cette obligation ne vaut que lorsque la construction envisagée est destinée à occuper le domaine public ou nécessite un aménagement permanent d'une dépendance du domaine public. En revanche, lorsque la construction nécessite seulement une autorisation d'occupation pour les besoins des travaux, une telle autorisation ne constitue pas une condition de légalité du permis de construire. Dès lors, la société Doudoune Club n'était pas tenue de joindre à sa demande de permis de construire cette autorisation. Le Conseil d'État rejette donc la requête d'appel tendant à l'annulation des permis de construire.

Droits civils et individuels

Mmes Kodric et Heer

Le Conseil d'État précise le régime contentieux des actes de refus de restitution des œuvres d'art répertoriées « Musées Nationaux récupération », explicite la méthode permettant de présumer une spoliation, et juge que les décisions de refus de restitution de ces œuvres ne méconnaissent pas l'article 1er du premier protocole additionnel à la convention européenne de sauvegarde des droits de l'Homme et des libertés fondamentales.

CE, Ass., 30 juillet 2014, Mmes Kodric et Heer, n° 349789, Rec.

Mmes Kodric et Heer ont demandé en 1998 au ministre des affaires la restitution de trois dessins, attribués à Daumas, Van Ostade et Goya, en qualité d'ayants droits d'une personne qui les avait acquises en 1944 après de multiples cessions. Le ministre ayant refusé d'accéder à leur demande, elles ont saisi la juridiction administrative aux fins d'annulation de cette décision.

Le Conseil d'État a, au préalable, dénié la qualité d'acte de gouvernement aux décisions de refus de restitution. Les actes de saisie des œuvres répertoriées « Musées Nationaux récupération » (MNR), effectués par les forces alliées de la

France, dans les zones de combat ou d'occupation, ou par les administrations françaises placées sous l'autorité du commandement militaire pendant les opérations de guerre ou d'occupation, sont inséparables de la conduite des opérations de guerre et des relations internationales et ne sont par suite pas susceptibles d'être discutés devant le juge de l'excès de pouvoir. En revanche, la décision de refus de restituer une œuvre inscrite au répertoire « Musées Nationaux récupération » créé pour assurer la garde d'œuvres spoliées en France pendant la Seconde Guerre mondiale et retrouvées hors de France, à fin de restitution aux propriétaires légitimes et à leurs ayant- droit, prise dans l'exercice de la mission du service public de conservation et de restitution des œuvres de ce répertoire, peut être contestée par la voie du recours pour excès de pouvoir devant la juridiction administrative. Il s'inscrit ce faisant dans la lignée de sa décision du 27 mars 2009, *Mme Ranely Verge Dupré et autres* (n° 283240, Rec.), par lequel il avait jugé que la juridiction administrative était compétente pour examiner la décision de refus de restitution de tableaux récupérés par les autorités françaises à la fin de la Seconde Guerre Mondiale. Ainsi, les motifs du refus de procéder à une restitution peuvent être critiqués à l'occasion d'un recours pour excès de pouvoir, les difficultés sérieuses pouvant s'élever à cette occasion en matière de propriété ou de régularité des transactions devant être portées, par la voie d'une question préjudicielle, devant le juge judiciaire.

Par ailleurs, le Conseil d'État a jugé que les œuvres répertoriées « Musées Nationaux récupération » étaient soumises à un régime spécifique, dérogatoire au régime de la domanialité publique, l'État s'étant seulement institué le gardien à fin de restitution aux propriétaires spoliés par les actes de la puissance occupante et à leurs ayants droit en mettant en place un service public de la conservation et de la restitution de ces œuvres. Le principe d'inaliénabilité du domaine public ne leur est dès lors pas applicable.

En outre, le Conseil d'État précise que les autorités compétentes sont tenues de restituer les œuvres aux propriétaires légitimes, puis à leurs ayants droit, sur leur demande, soit qu'ils aient été victimes d'une telle spoliation, soit qu'aucune spoliation n'ayant eu lieu, ils en étaient et demeurent les propriétaires légitimes. Ainsi, en l'absence de dispositions législatives contraires, et dans la mesure où une restitution demeure en principe envisageable et s'avère d'ailleurs effectivement possible, aucune prescription particulière ou de droit commun ne peut être opposée à cette demande.

L'arrêt précise alors la méthode pertinente pour apprécier la légalité d'un refus de restitution. Il précise qu'il est possible de recourir à un faisceau d'indices, tirés notamment de la date des transactions opérées, après le 16 juin 1940, des parties à la transaction, connues pour leur implication auprès de la puissance occupante, et des conditions, motifs et buts de la transaction, notamment le fait qu'elle soit destinée aux territoires et aux intérêts de la puissance occupante, qui permet de présumer l'existence d'une spoliation, que celle-ci résulte d'agissements d'appropriation ou de transactions ayant les apparences de la régularité mais accomplies sous la contrainte ou l'inspiration de cette puissance.

En l'espèce, l'existence d'une spoliation n'était certes pas établie. Mais le Conseil d'État constate que les œuvres en cause ont été vendues en 1940 et 1941 à Paris par un marchand d'art de double nationalité allemande et autrichienne à un galeriste autrichien mandaté par les responsables autrichiens en vue de constituer un musée d'art régional à Salzbourg, revendues ensuite à l'un de leurs ascendants et saisies dans l'après-guerre. Il fait ainsi jouer la présomption de spoliation en se fondant sur les indices tirés de ce qu'aucune indication sur l'origine de propriété de ces œuvres n'était apportée par les requérantes, de ce que les transactions sont intervenues à une période qui permettait de présumer que l'achat initial des œuvres avait été contraint, de ce que les marchands d'art allemand et autrichien ayant procédé aux transactions étaient connus pour leurs relations privilégiées avec les dirigeants nazis, et de ce que les transactions avaient été opérées, pour des prix trois à quatre fois supérieurs au prix d'achat, à la demande, avec les fonds et pour satisfaire les attentes de responsables nazis en Autriche.

Enfin, le Conseil d'État a jugé que le refus de restitution de ces œuvres n'est pas incompatible avec les stipulations de la convention européenne de sauvegarde des droits de l'homme et des libertés fondamentales ni avec celles de l'article 1er de son premier protocole additionnel, pour deux motifs. D'une part, il constate que le régime des œuvres répertoriées MNR contribue, au regard de ses motifs, à la mise en œuvre de la convention. D'autre part, il existe des voies de recours, qui étaient effectivement à la disposition de la personne dont les œuvres ont été saisies et de ses ayants droit, permettant au propriétaire légal, pendant toute la durée de la garde de ces œuvres, de faire valoir ses droits et d'obtenir, le cas échéant, une réparation équitable, soit, lorsque sont en cause des biens spoliés ou présumés spoliés, en faisant constater la nullité de leur transaction et obtenir la restitution du prix payé, soit en contestant l'existence de la spoliation en vue d'obtenir, le cas échéant, la réparation du préjudice causé par la saisie irrégulière de ses biens.

Élections

Délimitation des circonscriptions électorales

Xavier Ceccaldi et autres

Commune de Ners et autres

Le Conseil d'État précise les modalités de détermination des cantons, notamment s'agissant de la dérogation au critère essentiellement géographique.

CE, Sec., 5 novembre 2014, M. Xavier Ceccaldi et autres, n° 378140, Rec. ; CE, Sec., 5 novembre 2014, Commune de Ners et autres, n° 379843, Rec.

Le Conseil d'État était saisi de requêtes tendant respectivement à l'annulation des décrets portant délimitation des cantons dans les départements de la Corse-du-Sud et du Gard, pris pour l'application des dispositions de la loi n° 2013-403 du 17 mai 2013 relative, notamment, à l'élection des conseillers départementaux. Sous l'angle de la méconnaissance du principe constitutionnel d'égalité devant le suffrage, les requérants critiquaient l'écart entre la population du canton corse de Sevi-Corru-Cinarca (-43,55%) et des cantons gardois de Quissac (-19,7%), le Vigan (-26%) et la Grand-Combe (-29,27%) par rapport à la moyenne de la population par canton au sein du département.

La question ayant justifié le renvoi de ces affaires devant la section du contentieux était celle de l'interprétation des dispositions de l'article L. 3113-2 du code général des collectivités territoriales et des conséquences à en tirer quant au contrôle exercé par le juge.

Dans sa version issue de la loi du 17 mai 2013, cet article dispose que : « *(...) III. La modification des limites territoriales des cantons (...) est conforme aux règles suivantes : / a) Le territoire de chaque canton est défini sur des bases essentiellement démographiques ; / b) Le territoire de chaque canton est continu ; c) Est entièrement comprise dans le même canton toute commune de moins de 3500 habitants ; / IV. Il n'est apporté aux règles énoncées au III que des exceptions de portée limitée, spécialement justifiées, au cas par cas, par des considérations géographiques ou par d'autres impératifs d'intérêt général.* » Afin de déterminer l'ampleur des écarts démographiques admissibles entre cantons, le Conseil d'État a d'abord clarifié l'articulation du III et du IV de cet article.

Le a) du III de l'article L. 3113-2 pose comme principe que la délimitation des circonscriptions cantonales doit intervenir sur des bases essentiellement démographiques. Le Conseil d'État rappelle que ce principe n'impose pas que la délimitation opérée soit strictement proportionnelle aux chiffres de la population, notamment afin de respecter les exigences de continuité territoriale et d'intégrité des communes de moins 3500 habitants figurant au b) et c). S'il n'existe aucune interdiction de s'écarter de plus de 20% de la moyenne départementale (CE, 15 octobre 2014, *M. Gélard et autres*, n° 379972, T.), la juridiction précise par la même occasion que, sur le fondement du III de l'article L. 3113-2, peuvent être admis des écarts de « plus ou moins 20% » qui doivent dans tous les cas reposer sur des considérations dénuées d'arbitraire (voir également sur ce dernier point CE, 4 juin 2014, *Commune de Dieuze*, n° 377663, T.).

Après avoir procédé à ces clarifications, le véritable apport des décisions du 5 novembre 2014 réside dans l'interprétation des dispositions du IV de l'article L. 3113-2. Saisi pour la première fois de cette question, le Conseil d'État juge clairement que, par exception à celles du III du même article, ces dispositions permettent de déroger aux bases essentiellement démographiques devant en principe présider aux délimitations cantonales. Il se réfère pour cela explicitement à la décision n° 2013-667 DC du 16 mai 2013 par laquelle le Conseil constitutionnel a rappelé que de telles exceptions devaient être justifiées par des considérations géographiques au nombre desquelles « l'insularité, le relief, l'enclavement ou la superficie », ou par d'autres impératifs d'intérêt général.

Si des disparités démographiques significatives peuvent être admises tant sur le fondement du III que sur celui du IV de l'article L. 3113-2 du code général des collectivités territoriales, c'est donc une différence de démarche qui permet de les différencier, selon que sont prises en compte à titre principal la démographie (III) ou des considérations géographiques ou autres impératifs d'intérêt général (IV). Cette différence de démarche implique pour le juge une différence de contrôle : limité au caractère arbitraire des justifications avancées sur le fondement du III, le contrôle exercé porte également sur l'adéquation de ces justifications aux cas prévus par la loi dans le cas de l'exception prévue au IV.

Faisant application aux cas d'espèce de la grille ainsi dégagée, le Conseil d'État, se plaçant sur le fondement du III de l'article L. 3113-2, a jugé que la délimitation du canton gardois de Quissac reposait sur des bases essentiellement démographiques justifiées par des considérations dénuées d'arbitraire. Il s'est en revanche placé sur le terrain du IV du même article pour valider les délimitations retenues pour les cantons gardois de le Vigan et la Grand-Combe et pour le canton corse de Sevi-Corru-Cinarca, qu'il a non seulement estimées, là encore, dénuées de caractère arbitraire mais également justifiées par l'« impérative prise en compte » des contraintes géographiques de ces territoires.

Élections municipales de Vénissieux

La section du contentieux a, d'une part, précisé les contours du principe d'égalité des armes en éclairant les conditions dans lesquelles le juge peut fonder sa décision sur des faits ressortant de procès-verbaux anonymisés. Elle a, d'autre part, répondu à plusieurs questions relatives à l'office du juge de l'élection et aux modalités de mise en œuvre de l'article L. 118-4 du code électoral qui lui permet de déclarer inéligible, pour une durée maximale de trois ans, un candidat ayant accompli des manœuvres frauduleuses ayant eu pour objet ou pour effet de porter atteinte à la sincérité du scrutin.

CE, Sec., 4 février 2015, Élections municipales de Vénissieux, n°s 385555, 385604, 385613, Rec.

Le Conseil d'État était saisi d'un jugement du tribunal administratif de Lyon annulant les élections municipales qui s'étaient tenues en mars 2014 à Vénissieux et déclarant plusieurs candidats élus inéligibles pour une durée d'un an. Les auditions effectuées dans le cadre d'une enquête judiciaire avaient en effet permis d'établir que 19 des 49 candidats inscrits sur l'une des listes en lice avaient été abusés et y avaient inscrits malgré eux.

Le Conseil d'État était saisi d'un premier moyen tiré de ce qu'en se fondant, de façon déterminante, sur des procès-verbaux d'audition versés à l'instruction sous forme anonymisée, le tribunal avait méconnu le principe d'égalité des armes, les requérants soutenant qu'ils avaient ainsi été privés de la possibilité de contester de telles preuves.

Par la présente décision, le Conseil d'État s'inscrit dans la lignée de sa décision Erden du 1er octobre 2014 (CE, Sec., 1er octobre 2014, *M. Erden,* n° 349560, Rec.), par laquelle il avait affirmé qu'il incombe au juge administratif, dans la mise en œuvre de ses pouvoirs d'instruction, de veiller au respect des droits des parties, d'assurer l'égalité des armes entre elles et de garantir, selon les modalités propres à chacun d'entre eux, les secrets protégés par la loi, de sorte que le caractère contradictoire de la procédure fait en principe obstacle à ce que le juge se fonde sur des pièces produites au cours de l'instance qui n'auraient pas été préalablement communiquées à chacune des parties. En l'espèce, le Conseil d'État a pu constater que les noms de vingt-six candidats, sur les quarante-neuf que comportait la liste, ayant assuré avoir sciemment signé la déclaration de candidature ressortaient des pièces du dossier. Les services de police avaient, par suite d'auditions, indiqué que dix-neuf personnes avaient été entendues et déclaraient avoir été abusées et n'avoir pas eu l'intention d'être candidates sur la liste « Venissieux fait front ». Ainsi, les candidats déclarés inéligibles avaient pu utilement, malgré l'anonymisation, au demeurant incomplète, des procès-verbaux, présenter une défense en exposant au tribunal administratif les conditions dans lesquelles chacun des vingt-trois autres candidats de la liste, dont l'enquête n'avait pas permis de confirmer leur candidature volontaire, avait rejoint la liste.

La section du contentieux a par ailleurs apporté des précisions sur les pouvoirs du juge de l'élection.

Le Conseil d'État estime en premier lieu qu'en l'espèce, le consentement de plusieurs candidats à figurer sur la liste « Vénissieux fait front » a été obtenu par l'effet de manœuvres ayant consisté à les tromper sur la réalité des soutiens dont disposait cette liste ou sur la portée de l'engagement qu'ils prenaient. Par ailleurs, l'inscription de deux candidates résultait de déclarations de candidatures qui n'avaient pas été signées de leur main ou avaient été utilisées contre leur volonté. Le Conseil d'État, au regard de ce que le dépôt de la liste « Vénissieux fait front », dans des conditions répondant aux exigences du code électoral, n'aurait donc pas été possible sans ces manœuvres et eu égard aux résultats des opérations électorales, juge que ces manœuvres ont altéré la sincérité du scrutin dans son ensemble, de sorte qu'il confirme l'annulation de l'intégralité des opérations électorales.

Restait alors à dessiner les contours des pouvoirs que tient le juge des dispositions de l'article L. 118-4 du code électoral, qui permettent de déclarer un candidat inéligible pour une durée maximale de trois ans dans l'hypothèse où sont établies devant lui des manœuvres frauduleuses ayant eu pour objet ou pour effet de porter atteinte à la sincérité du scrutin. D'une part, la décision indique les éléments à prendre en considération pour déterminer le caractère frauduleux des manœuvres : il lui appartient ainsi de prendre en compte leur nature et leur ampleur. Le Conseil d'État retient en l'espèce le caractère frauduleux des manœuvres. D'autre part, il précise que le juge de l'élection peut déclarer un candidat inéligible d'office. Ainsi, lorsqu'il envisage de procéder à une telle déclaration d'office, il lui appartient de recueillir les observations des candidats concernés.

Enfin, dans la lignée d'une décision d'assemblée (CE, Ass., 23 octobre 1992, *M. Panizzoli*, n° 132315, Rec.), le Conseil d'État a jugé, eu égard au caractère suspensif de l'appel, que lorsqu'une inéligibilité est confirmée par le juge d'appel, la durée de l'inéligibilité court à compter de la date de lecture de la décision du juge d'appel.

Élections municipales de La Crèche

Élections municipales de Corrèze

Lors de l'examen de la régularité des opérations électorales qui se sont tenues en mars 2014, le Conseil d'État a été amené à interpréter les règles d'inéligibilité issues de la loi du 17 mars 2013.

CE, Sec., 4 février 2015, Élections municipales de La Crèche, n° 382969, Rec. ; CE, Sec., 4 février 2015, Élections municipales de Corrèze, n° 383019, Rec.

Les premières lois de décentralisation ont permis d'étendre l'inéligibilité touchant les employés de préfecture et de sous-préfecture aux fonctions de responsabilité exercées au sein des départements et des régions. La loi du 13 mai 1991 a ensuite étendu l'inéligibilité aux titulaires de fonctions équivalentes pour la seule et nouvelle collectivité territoriale de Corse, la loi du 17 mai 2013 a ajouté aux cadres de la région et du département non seulement ceux des EPCI à fiscalité propre mais aussi ceux « de leurs établissements publics ». La loi du 17 mai 2013 a quant à elle ajouté aux cadres de la région et du département ceux des EPCI à fiscalité propre et « de leurs établissements publics ».

A l'occasion des élections municipales de mars 2014, le Conseil d'État, juge d'appel de ces élections, a précisé le sens de la notion de rattachement d'un établissement public à une collectivité territoriale, dont dépend le périmètre de l'inéligibilité, en adoptant une lecture du texte qui soit à la fois simple et prédictible. Étaient plus particulièrement contestées l'élection du directeur d'un centre de gestion de la fonction publique territoriale (*Élections municipales de La Crèche*) et d'un chef de groupement de service départemental d'incendie et de secours (SDIS) (*Élections municipales de Corrèze*).

La section du contentieux Conseil d'État a opté pour une lecture étroite et précise de ces dispositions, compte tenu de leur objet qui est de priver certaines personnes de leur droit d'éligibilité et afin de faciliter, dans la mesure du possible, leur interprétation, notamment par les personnes souhaitant se porter candidates à une élection municipale. Pour définir le champ d'application des dispositions du 8° de l'article L. 231 du code électoral, les décisions du Conseil d'État ont retenu deux critères : l'un positif, l'autre négatif. Entrent dans le champ de ces dispositions les établissements publics dépendant exclusivement d'une région ou d'un département, ainsi que des autres collectivités territoriales et établissements qu'elles mentionnent ainsi que les établissements publics qui sont communs à plusieurs de ces collectivités, c'est-à-dire les établissements publics créés par ces seuls collectivités ou établissements ou à leur demande. Sont en revanche exclus du champ de ces dispositions, s'agissant du critère négatif, les agents de l'État lorsqu'ils ont été nommés aux fonctions dépendant des collectivités territoriales ou établissements par l'acte d'un représentant de l'État.

Sur la base de ce raisonnement, le Conseil d'État a rejeté les deux requêtes d'appel contestant les élections des fonctionnaires précités.

Concernant le directeur d'un centre de gestion de la fonction publique territoriale, le Conseil d'État a jugé que, dès lors qu'il résulte des dispositions de la loi du 26 janvier 1984 portant dispositions statutaires relatives à la fonction publique territoriale que l'adhésion des départements à ces centres est facultative, ces derniers, qui ne sont pas créés par les départements ou à leur demande, ne peuvent être regardés comme des établissements publics du département au sens et pour l'application des dispositions du 8° de l'article L. 231 du code électoral. En outre, il ne ressort pas de ces dispositions que les centres sont créés par le département ou à sa demande.

Il en va de même des candidats exerçant une activité au sein d'un SDIS : ces derniers, aux termes des articles L. 1424-1 et L. 1424-24 du code général des collectivités territoriales, associent les communes au département et aux établissements publics de coopération intercommunale mais ne sont pas seulement rattachés à des collectivités ou établissements mentionnés au 8° de l'article L. 231 du code électoral. Ils ne sont par ailleurs pas créés par le département ou à sa demande mais par la loi, dans chaque département. Ils ne peuvent donc être considérés, au regard des critères fixés par la jurisprudence du Conseil d'État, comme des établissements publics du département au sens et pour l'application du 8° de l'article L. 231 du code électoral.

Appliquant les critères ainsi dégagés, le Conseil d'État a pu ultérieurement juger qu'un établissement public foncier local, établissement public industriel et commercial créé par arrêté du préfet de département en application des dispositions des articles L. 324-1 et L. 324-2 du code de l'urbanisme, dont sont membres la région, le département, des établissements publics de coopération intercommunale à fiscalité propre et des communes isolées, n'est pas un établissement public dépendant seulement de collectivités ou établissements mentionnés par les dispositions du 8° de l'article L. 231 du code électoral ou commun à ces seuls collectivités ou établissements et, par suite, que n'entrent pas dans le champ de ces dispositions les agents de la fonction publique hospitalière qui exercent dans ces établissements les fonctions mentionnées par ces dispositions ne sont pas inéligibles lorsqu'ils y ont été nommés par décision d'une autorité de l'État. Ainsi, les directeurs des établissements publics relevant des services départementaux de l'aide sociale à l'enfance, dont la nomination incombe à une autorité agissant au nom de l'État, ne sont pas inéligibles sur le fondement des dispositions du 8° de l'article L. 231 du code électoral.

État d'urgence

M. D.

Le Conseil d'État a été amené à préciser l'étendue des pouvoirs de police détenus par le ministre de l'intérieur dans le cadre de l'état d'urgence, et a ainsi déterminé les motifs qui peuvent être invoqués pour prononcer une assignation à résidence, ainsi que les modalités du contrôle du juge administratif sur ces mesures, notamment par la procédure de référé-liberté.

CE, Sec., 11 décembre 2015, M. D., n° 395009, Rec. et CE, Sec., 11 décembre 2015, M. G., n° 394990, Rec.

Dans ces deux affaires, le Conseil d'État a pour la première fois eu à connaître, selon la procédure de référé liberté, de contestations de mesures d'assignation à résidence prononcées dans le cadre de l'état d'urgence déclaré par un décret pris le lendemain des attentats du 13 novembre 2015, puis prorogé par une loi du 20 novembre 2015.

Elles ont en premier lieu permis de préciser l'ampleur des pouvoirs de police exceptionnels que détient le ministre de l'intérieur sur le fondement de la loi du 3 avril 1955 sur l'état d'urgence, telle que modifiée par la loi du 20 novembre 2015, ainsi que les modalités du contrôle du juge sur la mise en œuvre de ces pouvoirs. Tout d'abord, la section du contentieux retient que le juge de l'excès de pouvoir exerce un contrôle normal sur les motifs justifiant le prononcé d'une assignation à résidence. Elle revient ainsi sur la solution dégagée par une décision *Mme Dagostini* du 25 juillet 1985 (n° 68151, Rec.), qui avait retenu un contrôle restreint sur l'appréciation à laquelle se livre l'administration pour prendre une mesure d'interdiction de séjour sous l'empire de l'état d'urgence.

Il lui revenait également de déterminer si la loi de 1955 permet de prononcer des assignations à résidence pour des motifs d'ordre public différents de ceux ayant justifié la déclaration de l'état d'urgence, consistant en l'espèce à éviter des débordements en marge de la COP 21. Pour trancher cette question, le Conseil d'État relève que l'article 6 de la loi, qui permet l'assignation à résidence de toute personne résidant dans la zone couverte par l'état d'urgence « *et à l'égard de laquelle il existe des raisons sérieuses de penser que son comportement constitue une menace pour la sécurité et l'ordre publics* » dans ces zones, n'établit pas de lien entre la nature de la menace pour la sécurité et l'ordre public justifiant cette mesure et la nature du « péril imminent ou de la calamité publique » qui, aux termes de l'article 1er de la loi, a justifié la déclaration de l'état d'urgence. Pour prononcer l'assignation à résidence d'une personne résidant dans la zone couverte par l'état d'urgence, le ministre doit toutefois, dans l'appréciation des raisons sérieuses qui donnent à penser que le comportement de cette personne constitue une menace pour la sécurité et l'ordre publics, tenir compte du péril imminent ou de la calamité publique ayant conduit à la déclaration de l'état d'urgence, et notamment de la mobilisation des forces de l'ordre qu'elle implique. En l'espèce, le Conseil d'État juge, en l'état de l'instruction, qu'en prononçant une mesure d'assignation à résidence d'une personne ayant notamment participé à la préparation d'actions violentes de contestation de la COP 21, dans un contexte où les forces de l'ordre demeurent particulièrement mobilisées, le ministre n'a pas porté une atteinte grave et manifestement illégale à la liberté d'aller et venir.

En second lieu, le Conseil d'État a apporté plusieurs précisions sur la procédure de référé liberté. Concernant plus particulièrement la contestation des mesures d'assignation à résidence prises sur le fondement de la loi de 1955, il juge que la condition d'urgence doit par principe être regardée comme remplie lorsqu'est contestée une telle mesure, sauf à ce que l'administration fasse valoir des circonstances particulières. Il s'écarte ainsi de la solution retenue par une ordonnance *Malonga* du 7 juin 2011 (n° 349817, T.) rendue en dehors du champ particulier de l'état d'urgence, qui juge qu'une mesure d'assignation à résidence prise à l'encontre d'un étranger faisant l'objet d'une obligation de quitter le territoire ne créé pas par elle-même une situation d'urgence.

La section du contentieux, devant laquelle était soulevée une question prioritaire de constitutionnalité (QPC) portant sur l'article 6 de la loi de 1955, a enfin précisé l'office du juge des référés lorsqu'est soulevée une telle question. Elle confirme d'abord la solution dégagée par une ordonnance *Diakité* du 16 juin 2010 (n° 340250, Rec.), qui avait jugé qu'une QPC peut être soulevée devant le juge administratif du référé liberté, en première instance comme en appel. Puis, selon une logique analogue à celle retenue s'agissant du référé suspension par une ordonnance du 21 octobre 2010, *Conférence nationale des présidents des unions régionales des médecins libéraux* (n° 343527, Rec.), elle ajoute que le juge du référé liberté peut en toute hypothèse, y compris lorsqu'une QPC est soulevée devant lui, rejeter une requête qui lui est soumise pour incompétence de la juridiction administrative, irrecevabilité ou défaut d'urgence. S'il ne rejette pas les conclusions qui lui sont soumises pour l'un de ces motifs, il lui appartient de se prononcer, en l'état de l'instruction, sur la transmission au Conseil d'État de la QPC ou, pour le juge des référés du Conseil d'État, sur le renvoi de la question au Conseil constitutionnel. Le renvoi de la QPC n'implique toutefois pas la suspension automatique de la décision contestée ; s'il décide de renvoyer la question, le juge peut, s'il estime que les conditions posées par l'article L. 521-2 du code de justice administrative sont remplies, prendre les mesures provisoires ou conservatoires nécessaires, compte tenu tant de l'urgence que du délai qui lui est imparti pour statuer, en faisant usage de l'ensemble des pouvoirs que cet article lui confère. En l'espèce, le Conseil d'État renvoie la question de la conformité à la Constitution de l'article 6 de la loi de 1955, avant d'examiner la requête dont il est saisi en tant que juge d'appel des référés et de juger qu'il n'y a pas lieu de prendre immédiatement, en l'état de l'instruction, des mesures de sauvegarde.

Fonction publique

Accident de service

Mme G.

Par une décision du 16 juillet 2014, la section du contentieux a renouvelé sa jurisprudence sur les conditions dans lesquelles un suicide ou une tentative de suicide d'un fonctionnaire peuvent être regardés comme un accident de service.

CE, Sec., 16 juillet 2014, Mme G., n° 361820, Rec.

Le Conseil d'État était saisi d'un pourvoi en cassation relatif à un litige portant sur la tentative de suicide commise par un agent municipal sur son lieu de travail et pendant ses horaires de service, que la commune avait refusé de qualifier d'accident de service.

La section du contentieux a saisi l'occasion de cette affaire pour donner une définition générale de la notion d'accident de service, synthétisant la jurisprudence existante et reprenant d'ailleurs les termes d'une décision antérieure (CE, 15 juin 2012, *Mme A.,* n° 348258, inédite au Rec.). Il s'agit de tout accident survenu sur le lieu et dans le temps du service, dans l'exercice ou à l'occasion de l'exercice par un fonctionnaire de ses fonctions ou d'une activité qui en constitue le prolongement normal, en l'absence de faute personnelle ou de toute autre circonstance particulière détachant cet évènement du service.

S'agissant plus particulièrement des suicides et tentatives de suicide, la jurisprudence du Conseil d'État tendait jusqu'alors à en subordonner l'imputabilité au service à la condition qu'un tel geste, regardé comme un acte volontaire, trouve sa cause déterminante dans des circonstances tenant au service (CE, 26 février 1971, *Dame veuve X.*, n° 76967, Rec. ; CE, section, 28 juillet 1993, *Ministre de la défense c/ M. X.* , n° 121702, Rec.). La commission spéciale de cassation des sanctions avait d'ailleurs adopté la même position plus tôt (Assemblée plénière, 19 mars 1969, *Dame veuve X.*, n° 20280).

Mettant fin à ce traitement particulier des cas de suicides et tentatives de suicides, qui se démarquait d'ailleurs de la position adoptée par la Cour de cassation s'agissant des salariés de droit privé (cf. par exemple Cass. soc. 23 septembre 1982, n° 81-14.698 ; Cass. 2e civ., 7 avril 2011, n° 10-16.157), la section du contentieux a jugé que de tels gestes devaient être qualifiés d'accidents de service dans plusieurs hypothèses. C'est le cas, d'abord, lorsqu'un suicide ou une tentative de suicide interviennent sur le lieu et dans le temps du service, en l'absence de circonstances particulières les détachant du service. Il en va également ainsi, lorsque de telles conditions ne sont pas remplies, si le suicide ou la tentative de suicide présentent un lien direct avec le service. La décision précise en outre qu'il appartient dans tous les cas au juge administratif, saisi d'une décision de l'autorité administrative compétente refusant de reconnaître l'imputabilité au service d'un tel geste, de se prononcer au vu des circonstances de l'espèce.

En l'espèce, le tribunal administratif avait estimé que la requérante aurait dû apporter la preuve de ce que sa tentative de suicide avait eu pour cause certaine, directe et déterminante un état pathologique se rattachant lui-même directement au service, alors même que la tentative de suicide avait eu lieu au temps et au lieu du service. Le Conseil d'État, considérant que dans ces conditions, il appartenait seulement au tribunal d'apprécier, au vu de l'ensemble des pièces du dossier, si des circonstances particulières permettaient de regarder cet évènement comme détachable du service, a censuré l'erreur de droit entachant son jugement.

Ministre du budget, des comptes publics et de la réforme de l'État c/ M. L.

La section du contentieux a précisé les conséquences sur la qualification d'accident de trajet du départ anticipé d'un fonctionnaire de son lieu de travail.

CE, Sec., 17 janvier 2014, Ministre du budget, des comptes publics et de la réforme de l'État c/ M. L., n° 352710, Rec.

La notion d'accident de trajet trouve son fondement premier dans la théorie du risque professionnel consacrée au bénéfice des agents publics dès l'arrêt *Cames* du 21 juin 1895 (n° 82490, Rec.). Alors que le législateur a distingué l'accident de trajet de l'accident de travail dès la loi du 30 octobre 1946 pour les salariés de droit privé, cette notion est d'origine purement prétorienne en ce qui concerne les agents publics. La jurisprudence en a donc progressivement dégagé les contours. Sa reconnaissance ouvre à la victime, comme à celle de l'accident de service, le droit au maintien de l'intégralité de son traitement, au remboursement de ses honoraires médicaux et des frais directement entraînés par l'accident, ainsi qu'au versement, le cas échéant, d'une allocation temporaire d'invalidité ou d'une rente viagère d'invalidité.

Saisi du refus opposé par le ministre chargé du budget à la demande de rente viagère d'invalidité présentée par un agent de police victime d'un accident entre son lieu de travail et son domicile alors qu'il avait quitté son poste près de trois quarts d'heure avant la fin de son service, le Conseil d'État a dû trancher la question inédite de savoir si la circonstance qu'un accident dont un agent a été victime sur le parcours habituel entre son lieu de travail et son domicile s'est produit alors que l'intéressé avait quitté son service avant l'horaire normal fait obstacle à ce que l'infirmité qui en est résulté soit regardée comme imputable au service.

La section du contentieux a refusé de considérer que le départ anticipé et sans autorisation d'un fonctionnaire ferait par nature obstacle à ce que l'accident qu'il subit sur son trajet de retour soit qualifié d'accident de service.

Ainsi, est réputé constituer un accident de trajet tout accident dont est victime un agent public qui se produit sur le parcours habituel entre le lieu où s'accomplit son travail et sa résidence et pendant la durée normale pour l'effectuer, sauf si un fait personnel de cet agent ou toute autre circonstance particulière est de nature à détacher l'accident du service et la section du contentieux précise que la circonstance que l'agent soit parti en avance par rapport à ses horaires de travail ne rompt pas, par elle-même, le lien avec le service. Elle estime également qu'en cas d'écart sensible avec ses horaires, et sauf dans le cas où ce départ a été autorisé, il appartient à l'administration, puis le cas échéant au juge, de rechercher, au vu des raisons et circonstances du départ, si l'accident présente un lien direct avec le service.

Tout comme le détour géographique par rapport à l'itinéraire « protégé » (qui est le plus rapide entre le domicile et le lieu de travail), l'écart sensible par rapport aux horaires habituels, s'il n'a pas été autorisé par la hiérarchie, fait perdre à la victime le bénéfice de la présomption. Il lui revient alors de justifier des raisons et d'expliquer les circonstances de son départ prématuré ou tardif, raisons et circonstances au vu desquelles l'administration puis, le cas échéant, le juge pourront reconnaître une imputabilité au service, comme ils le font déjà dans l'hypothèse d'un détour justifié par les nécessités essentielles de la vie courante (CE, 27 octobre 1995, *ministre du budget c/ Mme C.*, n° 154629, Rec.) ou par les conditions normales d'exercice de l'emploi, ou dans celle d'un incident de parcours trouvant son origine dans une cause extérieure à l'agent ou un comportement non intentionnel de sa part (CE, Sec., 29 janvier 2010, *Mme O.*, n° 314148, Rec.).

En l'espèce, le départ de l'agent, non autorisé par son supérieur, constituait un écart sensible avec ses horaires, qui avait même fait l'objet d'un blâme à l'issue d'une procédure disciplinaire. Le Conseil d'État estime malgré tout que l'accident revêt le caractère d'un accident de trajet. Il relève que la victime avait transmis ses consignes à l'agent assurant sa relève et qu'elle avait rejoint son domicile dans un délai normal et par son itinéraire habituel sans détour, même involontaire. Dans ces conditions, juge le Conseil d'État, « les circonstances du départ anticipé de M. L. ne constituent pas un fait de nature à détacher cet accident du service ».

Mme C.

Le Conseil d'État a précisé les conditions dans lesquelles un fonctionnaire qui se trouve dans l'incapacité permanente de continuer ses fonctions du fait d'un accident ou d'une maladie du service peut bénéficier du maintien de son traitement.

CE, Sec., 18 décembre 2015, Mme C., n° 374194, Rec.

La combinaison des dispositions du code des pensions civiles et militaires de retraite (article L. 27) et de la loi du 9 janvier 1986 portant dispositions statutaires relatives à la fonction publique hospitalière (article 41) réserve un statut particulier aux fonctionnaires qui subissent une affection causée par un accident ou une maladie du service ou encore des actes de bravoure. La loi de 1986 prévoit en effet, dans cette hypothèse, que « *le fonctionnaire conserve l'intégralité de son traitement jusqu'à ce qu'il soit en état de reprendre son service ou jusqu'à sa mise à la retraite* ».

Sur le fondement de ce texte, le Conseil d'État avait jugé, par une décision *Centre hospitalier général de Voiron* (29 décembre 1997, n° 128851, T.), qu'un fonctionnaire victime d'une maladie ou d'un accident imputable au service a droit, lorsqu'il n'est plus apte à reprendre son service et qu'aucune offre de poste adapté ou de reclassement ne lui a été faite, à être maintenu en congé de maladie ordinaire à plein traitement jusqu'à sa mise à la retraite ou au rétablissement de son aptitude au service.

Saisi d'une demande d'une fonctionnaire hospitalière affectée d'une maladie mentale d'origine professionnelle, le Conseil d'État a été amené, dans l'affaire *Mme C.*, à préciser plus finement les conditions d'accès aux congés et donc de maintien du traitement.

Confirmant la jurisprudence *Centre hospitalier général de Voiron*, le Conseil d'État réaffirme que, dans cette hypothèse, le fonctionnaire doit bénéficier de l'adaptation de son poste de travail ou, si celle-ci n'est pas possible, être mis en mesure de demander son reclassement dans un emploi d'un autre corps ou cadre d'emplois, s'il a été déclaré en mesure d'occuper les fonctions correspondantes. Si le reclassement n'est pas demandé ou est impossible, le fonctionnaire peut être mis d'office à la retraite par anticipation. Cependant, dans cette configuration, l'administration a alors l'obligation de maintenir l'intégralité de son traitement jusqu'à ce qu'il soit en état de reprendre le service ou jusqu'à sa mise à la retraite.

La section du contentieux souligne toutefois que cette voie n'est pas la seule ouverte par les textes à l'administration : y compris dans le cas où l'affection est d'origine professionnelle, le fonctionnaire qui en remplit les conditions peut être placé, le cas échéant à l'initiative de l'administration, soit en congé de longue maladie, soit en congé de longue durée. Les conditions de maintien du traitement sont alors différentes. Le congé de longue maladie, prévu par le 3° de l'article 41 de la loi du 9 janvier 1986 pour les cas où « *la maladie met l'intéressé dans l'impossibilité d'exercer ses fonctions, rend nécessaires un traitement et des soins prolongés et présente un caractère invalidant et de gravité confirmée* », confère au fonctionnaire le maintien de son plein traitement pendant un délai de trois ans, à l'issue duquel il peut être mis à la retraite d'office par anticipation. Quant au congé de longue durée, prévu par les dispositions du 4° du même article pour les cas de « *tuberculose, maladie mentale, affection cancéreuse, poliomyélite ou déficit immunitaire grave et acquis* », il permet au fonctionnaire de bénéficier du maintien de son plein traitement pendant cinq ans et d'un demi-traitement pendant trois ans ; à l'issue de ce délai de huit ans, il peut lui aussi être mis d'office à la retraite par anticipation. La seule circonstance que l'affection en cause soit d'origine professionnelle ne fait donc pas obstacle à ce que l'administration place les agents concernés dans les positions prévues par ces dispositions.

Discipline

M. G.

La section du contentieux du Conseil d'État a jugé que l'autorité disciplinaire peut apporter la preuve des fautes commises par ses agents par tout moyen, sous réserve du respect par l'employeur public de son obligation de loyauté à l'égard de ses agents.

CE, Sec.,16 juillet 2014 M. G., n° 355201, Rec.

La section du contentieux était saisie d'un litige relatif à la révocation d'un agent communal. Ce dernier critiquait les moyens utilisés par son employeur pour prouver les manquements qui lui étaient reprochés. En effet, la commune avait eu recours aux services d'un détective privé pour établir que cet agent exerçait une activité privée lucrative à titre professionnel alors qu'il était placé en congé maladie de longue durée.

L'agent révoqué soutenait que la preuve avait été acquise en méconnaissance de son droit à la vie privée - protégé par l'article 9 du code civil et l'article 8 de la convention européenne de sauvegarde des droits de l'homme et des libertés fondamentales – et devait, par conséquent, être écartée des débats.

La question que posait cette affaire était celle de savoir si l'autorité disciplinaire peut retenir tous moyens de preuve pour établir le manquement fautif d'un agent public et prendre une sanction à son encontre.

Cette question n'était pas tout à fait inédite. En effet, par une décision *SA Carto-Rhin et Me Mulhaupt* (CE, 28 septembre 2005, n° 269784, T.) rendue sur une autorisation de licenciement d'un salarié protégé, le Conseil d'État avait admis qu'un employeur puisse sanctionner un salarié protégé qui avait passé un entretien d'embauche dans une entreprise concurrente dans la mesure où il ne ressortait pas des pièces du dossier que ce manquement ait été porté à sa connaissance par des moyens de preuve illicites. L'affaire *M. G.* posait pour la première fois cette question d'admissibilité des moyens de preuve en matière de contentieux disciplinaire des agents publics.

Sur la question de l'admissibilité des moyens de preuve, le Conseil d'État, refusant de revenir sur une jurisprudence constante, n'a pas dégagé de principe de loyauté dans l'administration de la preuve qui interdirait de se prévaloir d'éléments recueillis en mettant en œuvre un procédé illégal ou déloyal.

Il a au contraire rappelé que l'administration peut apporter par tout moyen la preuve des faits sur le fondement desquels elle inflige une sanction disciplinaire à un agent public.

Il a toutefois assorti ce principe d'une réserve : l'administration est tenue, vis-à-vis de ses agents, à une obligation de loyauté. Un employeur public ne saurait donc fonder une sanction disciplinaire à l'encontre de l'un de ses agents sur des pièces ou documents qu'il a obtenus en méconnaissance de cette obligation, sauf si un intérêt public majeur le justifie. Par conséquent, lorsqu'il est saisi par un agent public d'un recours contre une sanction disciplinaire, le juge administratif doit apprécier la légalité de cette sanction au regard des seuls pièces ou documents que l'autorité investie du pouvoir disciplinaire pouvait loyalement retenir.

En l'espèce, la section du contentieux a jugé que l'administration n'avait pas méconnu son obligation de loyauté vis-à-vis de son agent en fondant sa sanction disciplinaire sur le rapport d'une agence de détectives privés au motif que ce rapport avait été réalisé dans le seul but de mettre en évidence les activités professionnelles de l'agent de son épouse et qu'il reposait sur des constatations matérielles du comportement de M. G. à l'occasion de son activité dans des lieux ouverts au public.

En dégageant un principe d'obligation de loyauté de l'administration vis-à-vis de ses agents, tout en admettant en l'espèce qu'une commune puisse recourir à une filature pour prouver le comportement fautif de son agent, la section du contentieux du Conseil d'État s'est écartée de la jurisprudence de la chambre sociale de la Cour de cassation qui exclut par principe l'admissibilité de ce moyen de preuve dans les débats, le jugeant illicite (Cass. soc. 22 mai 1995, *Manulev Service,* n° 93-44.078, Bull. 1995, V, n° 164).

Ministre de l'écologie, du développement durable et de l'énergie c/ M. L.

Le Conseil d'État juge que les dispositions législatives fixant à 57 ans la limite d'âge des contrôleurs aériens ne méconnaissent pas la directive 2000/78/CE du Conseil du 27 novembre 2000 qui proscrit les discriminations à raison de l'âge.

CE, Ass., 4 avril 2014, Ministre de l'écologie, du développement durable et de l'énergie c/ M. L, n° 362785 et autres, Rec.

L'assemblée du contentieux s'est prononcée sur la compatibilité de la loi fixant la limite d'âge des ingénieurs du contrôle de la navigation aérienne avec les objectifs de la directive 2000/78/CE du Conseil du 27 novembre 2000 portant création d'un cadre général en faveur de l'égalité de traitement en matière de travail et d'emploi, interdisant notamment la discrimination en fonction de l'âge.

L'article 3 de la loi n° 89-1007 du 31 décembre 1989 relative au corps des ingénieurs du contrôle de la navigation aérienne impose aux membres de ce corps – qui sont des fonctionnaires de l'État – une limite d'âge de 57 ans, sans possibilité de report. La loi n° 2010-1330 du 9 novembre 2010 portant réforme des retraites a prévu le relèvement progressif de cette limite d'âge pour la porter à 59 ans à compter du 1er janvier 2022. L'administration avait refusé de maintenir en activité plusieurs contrôleurs aériens au-delà de cet âge limite de 57 ans.

La directive instaure une interdiction de fonder une différence de traitement sur certaines caractéristiques personnelles (la religion ou les convictions, le handicap, l'âge ou l'orientation sexuelle). Il en résulte une approche du principe d'égalité relativement différente de l'approche traditionnelle : il ne s'agit pas de juger si une différence de traitement à l'égard de ces ingénieurs est justifiée par rapport aux autres membres du corps, voire aux autres corps de la fonction publique, mais de juger de sa justification par rapport aux autres personnes qui, ayant atteint le même âge, ne subissent pas cette limite d'âge.

En vertu du paragraphe 5 de l'article 2 et du paragraphe 1 de l'article 4 de la directive, le caractère discriminatoire d'une différence de traitement peut être écarté dans le cas de « *mesures prévues par la législation nationale qui, dans une société démocratique, sont nécessaires à la sécurité publique, à la défense de l'ordre et à la prévention des infractions pénales, à la protection de la santé et à la protection des droits et libertés d'autrui* », « *lorsque, en raison de la nature d'une activité professionnelle ou des conditions de son exercice, la caractéristique en cause constitue une exigence professionnelle essentielle et déterminante, pour autant que l'objectif soit légitime et que l'exigence soit proportionnée.* »

S'appuyant sur la jurisprudence de la Cour de justice de l'Union européenne, le Conseil d'État définit la grille de contrôle que doit suivre le juge en application des critères posés par la directive. Il s'agit, dans un premier temps, de vérifier que l'objectif poursuivi par la différence de traitement est légitime au regard du paragraphe 5 de l'article 2. Il convient ensuite de rechercher non seulement si l'objet de la mesure est en lien avec une caractéristique exigée pour l'exercice de la profession, mais aussi le rapport entre cette caractéristique et l'objectif poursuivi. Enfin, le juge contrôle la nécessité et la proportionnalité de la différence de traitement.

En l'espèce, l'assemblée a tout d'abord reconnu que la mesure de limite d'âge poursuit un objectif légitime de garantie de la sécurité aérienne, laquelle s'inscrit sans difficulté dans le champ de la sécurité publique. Elle a ensuite recherché si l'âge avait un lien avec « une exigence professionnelle essentielle et déterminante » dans l'exercice de leurs fonctions par les contrôleurs de la navigation aérienne. Elle a ainsi estimé, eu égard à la nature de ces fonctions, que les facultés particulières d'attention, de concentration et de vigilance attendues qu'elles nécessitaient pouvaient effectivement être affectées par l'âge. S'agissant du contrôle de la nécessité et de la proportionnalité de la mesure, la décision manifeste l'existence d'une marge d'appréciation, se bornant à rechercher une éventuelle incohérence de la limite fixée (en s'appuyant sur des éléments de droit comparé) et en relevant que le recul progressif de cette limite d'âge à 59 ans ne fait pas obstacle à ce qu'elle puisse être regardée comme nécessaire et proportionnée.

Police

Ministre de l'intérieur c. Société les Productions de la Plume et M. M'Bala M'Bala

Le juge des référés du Conseil d'État juge que l'autorité de police générale peut prononcer l'interdiction d'un spectacle conçu pour contenir des propos portant atteinte à la dignité de la personne humaine.

Juge des référés du Conseil d'État, 9 janvier 2014, Ministre de l'intérieur c. Société les Productions de la Plume et M. M'Bala M'Bala, n° 374508.

Par un arrêté du 7 janvier 2014, le préfet de la Loire-Atlantique, se substituant au maire de Saint-Herblain dans l'exercice de son pouvoir de police générale, avait prononcé l'interdiction du spectacle de l'humoriste Dieudonné M'Bala M'Bala intitulé « Le Mur ». Cette interdiction ayant été suspendue par le juge du référé-liberté du tribunal administratif de Nantes, le juge des référés du Conseil d'État a été saisi d'un appel du ministre.

Il a rappelé, dans la ligne de la jurisprudence du Conseil constitutionnel (v. notamment décisions n° 2009-580 DC du 10 juin 2009 et n° 2010-3 QPC du

28 mai 2010), que l'exercice de la liberté d'expression est une condition de la démocratie et l'une des garanties du respect des autres droits et libertés. Il a ajouté qu'il appartient aux autorités chargées de la police administrative de prendre les mesures nécessaires à l'exercice de la liberté de réunion.

Reprenant les principes posés par la jurisprudence *Benjamin* (CE, 19 mai 1933, *Benjamin et Syndicat d'initiative de Nevers*, n°s 17413, 17520, Rec.), le juge des référés a rappelé, d'autre part, que les atteintes portées à ces libertés fondamentales pour assurer la sauvegarde de l'ordre public doivent être strictement proportionnées, c'est-à-dire, en vertu de la jurisprudence *Association pour la promotion de l'image et autres* (CE, Assemblée, 26 octobre 2011, n° 317827, Rec.), à la fois adaptées, nécessaires et proportionnées.

En l'espèce, la décision dont la suspension avait été demandée au juge des référés sur le fondement de l'article L. 521-2 du code de justice administrative était motivée par le fait que le spectacle litigieux, tel qu'il était conçu, contenait des propos de caractère antisémite, incitant à la haine raciale et faisant, en méconnaissance de la dignité de la personne humaine, l'apologie des discriminations, persécutions et exterminations perpétrées au cours de la Seconde Guerre mondiale.

La jurisprudence du Conseil d'État avait déjà intégré, dans la définition de l'ordre public, la dignité de la personne ; elle avait ainsi admis que l'autorité investie du pouvoir de police générale puisse, même en l'absence de circonstances locales particulières, interdire une attraction qui porte atteinte au respect de la dignité de la personne humaine (CE, Assemblée, 27 octobre 1995, *Commune de Morsang-sur-Orge,* n° 136727, Rec., s'agissant d'une attraction de lancers de nains).

Le juge des référés a fait application de cette solution au cas d'un spectacle assuré par un artiste seul en scène. Il a estimé qu'au regard de l'historique des spectacles dans lequel la représentation s'inscrivait, le risque sérieux que les propos portant atteinte à la dignité humaine soient à nouveau tenus ne pouvait pas être écarté, puisqu'ils avaient été tenus lors de chacune des représentations précédentes. L'interdiction du spectacle étant la seule mesure à même de prévenir les atteintes à la dignité de la personne humaine résultant de la tenue des propos litigieux, le juge des référés a estimé que, dans les circonstances de l'espèce, les mesures d'interdiction ne constituaient pas des atteintes graves et manifestement illégales à cette liberté.

La mise en œuvre de l'ensemble de ces critères a pu conduire ultérieurement le juge des référés à censurer une interdiction de spectacle du même artiste, estimant que le nouveau spectacle litigieux avait déjà donné lieu à plusieurs représentations, sans avoir suscité, en raison de son contenu, de troubles à l'ordre public, ni avoir donné lieu, pour les mêmes raisons, à des plaintes ou des condamnations pénales. Il n'était en outre pas établi que le spectacle comporterait des propos portant atteinte à la dignité de la personne humaine. En l'absence par ailleurs de circonstances locales particulières qui auraient pu justifier une interdiction du spectacle, la mesure a ainsi été suspendue (CE, juge des référés, 6 février 2015, *Commune de Cournon d'Auvergne*, n° 387726, Rec.).

Procédure

Compétence juridictionnelle

M. B.

Le Conseil d'État a estimé que la décision par laquelle le groupe français de la Cour permanente d'arbitrage propose ou refuse de proposer une candidature à l'élection des juges à la Cour pénale internationale est un acte de gouvernement échappant au contrôle du juge administratif.

CE, Sec., 28 mars 2014, M. B., n° 373064, Rec.

Le statut de la Cour pénale internationale, fixé par une Convention signée à Rome le 17 juillet 1998 à laquelle la France est partie, prévoit en son article 36 que la Cour se compose de dix-huit juges, élus au scrutin secret lors d'une réunion de l'assemblée des États parties convoquée à cet effet. Les stipulations combinées de cette convention, du statut de la Cour internationale de justice et de la convention pour le règlement pacifique des conflits internationaux du 18 octobre 1907 prévoient que chaque groupe national de la Cour permanente d'arbitrage est chargé de proposer le nom d'un candidat appelé à être présenté, au nom de son État, à l'élection des juges à la Cour pénale internationale.

Le groupe français de la Cour permanente d'arbitrage ayant écarté la candidature de M. B. et proposé un autre candidat, l'intéressé a saisi le Conseil d'État d'un recours aux fins d'annulation de cette décision.

Le Conseil d'État a donc dû déterminer si la décision attaquée se rattachait à l'élection des juges à la Cour pénale internationale, qui échapperait alors au contrôle du juge administratif français. S'agissant de la nomination des fonctionnaires internationaux, la décision de section du 20 février 1953, *Sieur Weiss* (n° 91419, 96512, Rec.) avait posé comme principe que « *les actes des autorités françaises relatifs aux candidatures de ressortissants français à des postes dans une organisation internationale se rattachent directement à la nomination des fonctionnaires de cette organisation internationale* », de sorte « *qu'ils échappent (...) comme ces nominations elles-mêmes, à la compétence du Conseil d'État* ». Une nuance avait toutefois été posée par une décision du 20 octobre 2000, *Mme Bukspan*, n° 201061, T., s'agissant de la décision du ministre français de proposer un candidat à l'élection en qualité de gouverneur représentant la France au sein de la Banque européenne pour la reconstruction et le développement. Le Conseil d'État avait en effet estimé qu'elle était détachable de la conduite des relations internationales, et donc susceptible de recours, en se fondant sur la circonstance qu'un gouverneur agissait en tant que représentant de la France, de sorte que ses fonctions étaient assimilables à celle d'un diplomate.

Analysant la procédure de sélection et le processus diplomatique dans lequel s'inscrivent les élections des juges à la Cour pénale internationale, le Conseil d'État a estimé que les décisions par lesquelles le groupe français de la Cour permanente d'arbitrage propose ou refuse de proposer une candidature à cette élection ne sont pas détachables de la procédure d'élection de ces juges par l'Assemblée des États parties à la convention portant statut de cette juridiction internationale. Ils échappent, dès lors, à la compétence de la juridiction administrative française.

Mme. B.

Le Conseil d'État rappelle que, dans la relation entre l'administration et ses agents, les mesures d'ordre intérieur se définissent par leurs effets, tout en consacrant une exception en matière de discrimination.

CE, Sec., 25 septembre 2015, Mme B., n° 372624, Rec.

Dans sa décision *Mme B.*, la section du contentieux s'est penchée sur la question de savoir si la circonstance qu'un changement d'affectation d'un agent a été pris en considération de la personne fait obstacle à ce qu'il soit qualifié de mesure d'ordre intérieur. Elle a répondu à cette question par la négative, en réaffirmant l'indépendance des notions de mesure d'ordre intérieur et de mesures prises en considération de la personne.

Les deux notions interviennent en effet à des stades différents. D'une part, la première est une traduction de l'adage *de minimis non curat praetor*, de sorte qu'elle est utilisée au stade de la recevabilité du recours. Une décision administrative qui produit de faibles effets sera ainsi qualifiée de mesure d'ordre intérieur, faisant obstacle tant à la recevabilité du recours dirigé contre elle qu'à sa remise en cause par la voie de l'exception d'illégalité. Dans la fonction publique civile, ces mesures traduisent l'exercice par l'administration de son pouvoir d'organisation du service. D'autre part, la notion de mesure prise en considération de la personne avait quant à elle été dégagée dans la décision *Nègre* du 24 juin 1949 (Rec.). Lorsqu'une mesure reçoit pareille qualification et qu'elle porte par ailleurs atteinte à un droit d'un agent, ce dernier a droit à communication de son dossier. Le Conseil d'État a mis fin par sa décision du 25 septembre 2015 à l'ambiguïté qui pouvait résider dans quelques rares décisions, qui avaient admis la recevabilité de mesures dont les effets étaient pourtant limités mais qui avaient été prises en considération du comportement de la personne : une mesure d'ordre intérieur se définit par ses effets, la circonstance qu'elle ait été prise en considération de la personne étant à cet égard sans incidence.

La section réaffirme alors la solution dégagée dans sa décision *Butler* du 8 mars 1999 (171341, T.) et rappelle que sont des mesures d'ordre intérieur celles qui, tout en modifiant leur affectation ou les tâches que les agents concernés ont à accomplir, ne portent pas atteinte aux droits et prérogatives qu'ils tiennent de leur statut, ni n'emportent perte de responsabilités ou de rémunération. Elle y ajoute une autre exclusion : n'est pas une mesure d'ordre intérieur celle qui porte atteinte à l'exercice des droits et libertés fondamentaux des agents.

Le principe ainsi posé de ce qu'une mesure d'ordre intérieur se définit par ses seuls effets et non par ses motifs souffre toutefois une exception : si la décision en litige traduit une discrimination, elle est susceptible de recours quels que soient ses effets. Le Conseil d'État s'inscrit en continuité de la décision du 15 avril 2015 *Pôle Emploi (*373893, Rec.). Dans ce cas, le juge vérifiera non pas les effets de la mesure contestée, mais ses motifs, faisant ainsi converger appréciation de la recevabilité du recours et examen du bien fondé du moyen.

Le Conseil d'État a pu faire application de la solution dégagée par l'arrêt *Mme B.*, en jugeant, dans une décision du 7 octobre 2015, *Mme R.*, n° 377036 et 377037, T., que les mesures de retrait de responsabilités d'animation et de coordination à l'université et au centre hospitalier régional universitaire à un professeur des universités-praticien hospitalier, bien qu'elles soient sans incidence sur la rémunération et les perspectives de carrière de l'intéressé et ne portent pas atteinte à son statut ou à une garantie, entraînent une diminution sensible de ses attributions et responsabilités et ne constituent pas de simples mesures d'ordre intérieur insusceptibles de recours.

Pouvoirs et devoirs du juge

M. E.

Par sa décision *M. E.* du 1er octobre 2014, la section du contentieux a précisé les pouvoirs d'instruction dont dispose le juge administratif en règle générale et fait application de ces principes au cas particulier du contentieux de l'asile.

CE, Sec., 1er octobre 2014, M. E., n° 349560, Rec.

Par sa décision *M. E* du 1er octobre 2014, le Conseil d'État a rappelé qu'il appartient au juge administratif, dans l'exercice de ses pouvoirs généraux de direction de la procédure, d'ordonner toutes les mesures d'instruction qu'il estime nécessaires à la solution des litiges qui lui sont soumis, et notamment de requérir des parties ainsi que, le cas échéant, de tiers, la communication des documents qui lui permettent de vérifier les allégations des requérants et d'établir sa conviction. Ce faisant, le Conseil d'État s'inscrit dans la continuité de décisions anciennes (V. notamment : CE, 1er mai 1936, *Sieur Couëspel du Mesnil*, Rec. ; CE, 28 mai 1954, *Sieurs Barel et autres*, n° 28238, Rec.) et emprunte, pour partie, les termes d'une récente décision *Mme C.* (CE, 26 novembre 2012, n° 354108, Rec.), par laquelle il avait rappelé qu'en raison de l'absence de charge de la preuve en contentieux de l'excès de pouvoir, le juge doit, en présence d'allégations suffisamment étayées sur lesquelles les pièces produites par les parties ne lui permettent pas d'établir sa conviction, prendre toutes mesures propres à lui procurer, par les voies de droit, les éléments de nature à lui permettre de fonder sa conviction, en particulier en exigeant de l'administration compétente la production de tout document susceptible de permettre de vérifier les allégations du demandeur.

Outre cette définition positive des pouvoirs d'instruction dont dispose le juge administratif, et non uniquement le juge de l'excès de pouvoir, la décision *M. E.* rappelle trois des limites qui circonscrivent l'exercice de ces pouvoirs. La première d'entre elles a trait aux droits des parties, ce qui signifie que la mesure ordonnée ne doit pas porter atteinte à un droit subjectif ni être illégale à un autre titre. La seconde tient à la nécessité de respecter le caractère contradictoire de la procédure qui permet de garantir l'égalité des armes entre les parties, ce qui implique que les pièces produites à la suite d'une mesure d'instruction soient en principe communiquées à chacune des parties. La troisième porte sur le respect des secrets protégés par la loi, qu'il revient au juge administratif de garantir selon les modalités propres à chacun d'entre eux. Sur ce dernier point, le Conseil d'État a en effet jugé que, de façon générale, l'administration ne peut être tenue, pour l'exécution des mesures d'instruction, de communiquer des pièces couvertes par un secret protégé par la loi, tel que le secret des affaires, sans l'autorisation de celui dans l'intérêt duquel le secret a été édicté (V. CE, 6 avril 2001, *Ministre de l'économie et des finances c/ V.*, n° 202420, T.).

Enfin, le Conseil d'État a appliqué ces principes au cas de la procédure d'instruction devant la Cour nationale du droit d'asile. En l'espèce, la Cour avait cherché à vérifier l'authenticité d'un jugement étranger produit par le demandeur pour établir la réalité des persécutions, en faisant interroger le greffe de la juridiction étrangère en cause par le poste diplomatique français compétent. Or une telle démarche avait de grandes chances, si le demandeur disait vrai, de révéler sa présence en France et sa demande d'asile, en violation de la confidentialité des éléments d'information relatifs aux personnes sollicitant l'asile en France, découlant de la convention de Genève et consistant en une garantie essentielle du droit constitutionnel d'asile protégé de façon stricte par le Conseil constitutionnel (CC, 22 avril 1997, n° 97-389 DC). Afin de prévenir un tel risque, le Conseil d'État s'en est tenu à une position médiane, en jugeant qu'une demande de communication de documents nécessaires pour vérifier les allégations des requérants et établir sa conviction ne peut être ordonnée qu'en suivant des modalités qui assurent pleinement la nécessaire confidentialité des éléments d'information relatifs aux personnes qui sollicitent l'asile.

M. L.

Le Conseil d'État apporte des précisions quant à l'office du juge administratif auquel des productions tardives sont soumises.

CE, Sec., 5 décembre 2014, M. L., n° 340943, Rec.

M. L. a saisi le juge administratif d'un recours en vue d'obtenir la décharge de l'imposition supplémentaire sur le revenu et des rappels de TVA mis à sa charge au titre de l'année 1997. Le tribunal administratif de Paris, puis la cour administrative d'appel de Paris, ont tous deux rejeté sa demande. Saisi du pourvoi introduit par l'intéressé, le Conseil d'État a alors eu l'occasion de clarifier les obligations qui s'imposent au juge administratif dans la conduite de l'instruction, lorsqu'une partie produit des pièces postérieurement à la clôture de l'instruction.

Le requérant avait produit devant la cour administrative d'appel, après clôture de l'instruction, un arrêt de la cour d'appel de Versailles qui l'avait relaxé des fins de la poursuite pour fraude fiscale.

Le Conseil d'État, en vue d'éviter toute manœuvre dilatoire des parties et de fixer suffisamment le cadre du litige pour la formation de jugement, avait dans un premier temps adopté une approche stricte des productions tardives, desquelles le juge administratif ne devait pas faire mention (CE, 28 avril 1937, n° 51157, *Sieur Chauveau*, Rec. ; CE, 3 avril 1957, n° 36136, *Sieur Humbert*, Rec.) et ne pouvait tenir aucun compte (CE, 29 décembre 1999, n° 197502, *Communauté urbaine de Lille*, Rec.).

Des assouplissements avaient toutefois été posés, en premier lieu au regard du principe de l'examen obligatoire des notes en délibéré, tel qu'il découlait de l'arrêt Kress de la Cour européenne des droits de l'Homme du 7 juin 2001 (39594/98). Puis, en vue par ailleurs de garantir au juge les moyens de bien exercer son office, la jurisprudence lui a imposé, d'une part, de prendre connaissance des productions postérieures à la clôture et de les viser, mais d'autre part aussi d'en tenir compte si elles contiennent soit l'exposé d'une circonstance de fait dont la partie qui l'invoque n'était pas en mesure de faire état avant la clôture de l'instruction et que les juges ne pourraient ignorer sans fonder leur décision sur des faits matériellement inexacts, soit d'une circonstance de droit nouvelle ou qu'ils devraient relever d'office (CE, section, 27 février 2004, n° 252988, *Préfet des Pyrénées-Orientales c/ Abounkhila*, Rec. ; CE, 27 juillet 2005, *Berreville,* n° 258164, T.). Selon ces décisions, il y avait lieu, en pareil cas, d'analyser le mémoire et de rouvrir l'instruction.

Par sa décision *L.* du 5 décembre 2014, le Conseil d'État énonce le principe de l'obligation, pour le juge administratif, de prendre connaissance de toute production intervenue après clôture de l'instruction. Cette obligation lui impose une obligation formelle, le juge devant alors viser cette production tardive.

Puis le Conseil d'État rappelle la faculté offerte en toute hypothèse au juge administratif, dans l'intérêt d'une bonne justice, de rouvrir l'instruction, qu'il dirige, lorsqu'il est saisi d'une production postérieure à la clôture de celle-ci. Ainsi, s'il décide d'en tenir compte, il rouvre l'instruction et soumet au débat contradictoire les éléments contenus dans cette production qu'il doit, en outre, sur le plan de la régularité formelle de son jugement, analyser.

La section infléchit les critères qui avaient été dégagés par l'arrêt *Abounkhila* pour définir le cadre de l'obligation de tenir compte d'une production tardive et, par suite, de la soumettre au contradictoire : désormais, cette obligation incombe au juge dans le cas particulier où cette production contient l'exposé d'une circonstance de fait ou d'un élément de droit dont la partie qui l'invoque n'était pas en mesure de faire état avant la clôture de l'instruction et qui est susceptible d'exercer une influence sur le jugement de l'affaire. S'il méconnaît cette obligation, sa décision est alors entachée d'irrégularité.

Le Conseil d'État fait alors application de ce principe à l'affaire qui lui était soumise. Il constate que l'arrêt rendu par la cour d'appel de Versailles, postérieurement à la clôture de l'instruction écrite devant la cour administrative d'appel de Paris, a relaxé M. L. des fins de ces poursuites aux motifs, notamment, qu'il n'était pas établi que la somme litigieuse perçue par l'intéressé aurait revêtu le caractère d'un revenu professionnel ni, en tout état de cause, que le contribuable aurait délibérément manqué aux obligations déclaratives correspondantes. Ainsi, il juge qu'alors même que cet arrêt n'était pas revêtu à l'égard du juge de l'impôt de l'autorité absolue de chose jugée, eu égard à ses motifs et à la nature spécifique des dispositions appliquées par le juge pénal, il constituait toutefois une circonstance nouvelle dont M. L. ne pouvait faire état avant la clôture de l'instruction et qui était susceptible d'exercer une influence sur le jugement du litige.

Référés

Section française de l'OIP

La section du contentieux a précisé l'office du juge du référé « mesures utiles », auquel il est proscrit d'enjoindre à l'administration d'adopter des mesures règlementaires.

CE, Sec., 27 mars 2015, Section française de l'OIP, n° 385332, Rec.

Par une ordonnance du 9 décembre 2014, le juge des référés du tribunal administratif de Basse-Terre rejetait la demande de la section française de l'observatoire international des prisons (OIP) tendant à ce qu'il soit enjoint à l'administration, sur le fondement de l'article L. 523-1 du code de justice administrative, de mettre en place, au sein du centre pénitentiaire de Baie-Mahault (Guadeloupe) un comité consultatif des personnes détenues ou, à défaut, un cahier de doléances leur permettant d'exprimer leurs observations sur leurs conditions de détention. Saisi d'un pourvoi en cassation formé par la section française de l'Observatoire internationale des prisons (OIP) contre cette ordonnance, le Conseil d'État a confirmé la décision du juge des référés, tout en précisant l'office du juge des référés dit « mesures utiles ».

Issue de la loi n° 55-1557 du 28 novembre 1955, la procédure de référé « mesures utiles » permet au juge des référés de prescrire, à des fins conservatoires ou à titre provisoire, toutes mesures, autres que celles régies par les articles L. 521-1 et L. 521-2 du code de justice administrative, notamment sous forme d'injonctions adressées tant à des personnes privées que, le cas échéant, à l'administration, à condition que ces mesures soient utiles et ne se heurtent à aucune contestation sérieuse. Cette procédure présente un caractère subsidiaire aux deux autres référés d'urgence, de création plus récente, que sont le référé-suspension et le référé-liberté. Plusieurs décisions récentes ont néanmoins conforté le référé « mesure utile », qui permet d'adresser des injonctions à l'administration (CE, 29 avril 2002, *Capellari*, n° 240322, T.) et peut constituer un instrument de la bonne exécution d'une ordonnance prise sur le fondement de l'article L. 521-1 du code de justice administrative (CE, section, 6 février 2004, *Masier*, n° 256719, Rec.).

Le juge des référés du Conseil d'État avait, toutefois, déjà eu l'occasion de juger que s'il lui était possible, en application des dispositions de l'article L. 521-3 du code de justice administrative, de prononcer à l'égard de l'administration des injonctions, celle de prendre un texte réglementaire n'entrait pas dans le champ des mesures, de nature provisoire ou conservatoire, que le juge des référés peut ordonner sur le fondement de cet article (JRCE, 29 mai 2002, *Syndicat « Lutte pénitentiaire »*, n° 247100, T.). Le Conseil d'État réaffirme par la décision *Section française de l'OIP* le caractère subsidiaire du recours au référé « mesures utiles », en jugeant qu'eu égard à son objet et aux pouvoirs que le juge des référés tient des articles L. 521-1 et L. 521-2 du code de justice administrative, une demande tendant à ce qu'il soit ordonné à l'autorité compétente de prendre des mesures réglementaires, y compris l'organisation des services placés sous son autorité, n'est pas au nombre de celles qui peuvent être présentées au juge des référés sur le fondement de l'article L. 521-3. En effet, de telles mesures peuvent être sollicitées de l'autorité administrative compétente et, en cas de refus, celui-ci peut être contesté devant la juridiction administrative par la voie d'une requête en annulation assortie, le cas échéant, d'une demande de suspension.

La demande de la section française de l'OIP tendant à l'édiction de mesures règlementaires d'organisation du service pénitentiaire, cette solution de principe a conduit le Conseil d'État à juger que les mesures demandées n'étaient pas de celles qu'il appartenait au juge des référés de l'article L. 521-3 du code de justice administrative d'ordonner et, par suite, à rejeter le pourvoi qui lui était soumis. Le Conseil d'État réaffirmera sa position dans une décision du 23 octobre 2015, *SELARL Docteur Dominique Debray et M. Mazer*, n° 383938, T., en jugeant en outre que le juge du référé « mesures utiles » ne peut pas ordonner des mesures générales de contrôle de la mise en œuvre d'une réglementation, 383938, T., en jugeant qu'une mesure tendant à ce qu'il soit ordonné à l'administration d'édicter des mesures générales de règlementation d'un secteur et de contrôle de leur mise en œuvre ne peut être présentée au juge des référés « mesures utiles ».

En revanche, le juge des référés du Conseil d'État a, dans une décision du 30 juillet 2015, *Section française de l'observatoire des prisons et ordre des avocats au barreau de Nîmes, 392043 et 392044*, Rec., considéré que, saisi sur le fondement de l'article L. 521-2 du code de justice administrative, le juge du référé-liberté pouvait ordonner à titre provisoire une mesure d'organisation des services, pour autant que la situation permette de prendre utilement des mesures de sauvegarde dans un délai de quarante-huit heures.

Responsabilité

Prescription quadriennale

Commune de Scionzier

La section admet que l'exception de prescription quadriennale puisse être valablement invoquée devant la juridiction de premier degré par l'avocat à qui l'administration a donné mandat pour la représenter en justice.

CE, Sec., 5 décembre 2014, Commune de Scionzier, n° 359769

En vertu de l'article 1er de la loi du 31 décembre 1968 relative à la prescription des créances sur l'État, les départements, les communes et les établissements publics : *« Sont prescrites, au profit de l'État, des départements et des communes, sans préjudice des déchéances particulières édictées par la loi, et sous réserve des dispositions de la présente loi, toutes créances qui n'ont pas été payées dans un délai de quatre ans à partir du premier jour de l'année suivant celle au cours de laquelle les droits ont été acquis ».*

Ces dispositions permettent ainsi aux autorités administratives d'opposer la prescription quadriennale envers leurs créanciers. La loi du 31 décembre 1986 prévoit d'ailleurs que ces autorités ne peuvent renoncer à opposer cette prescription, sauf à en relever le créancier.

Pour pouvoir se prévaloir, à propos d'une créance litigieuse, de la prescription quadriennale, les autorités administratives doivent l'invoquer devant le juge avant que la juridiction saisie du litige au premier degré se soit prononcée sur le fond.

Interprétant ces dispositions, la section du contentieux a jugé, dans une décision *Ville de Toulouse c/ M. Tomps* (29 juillet 1983, n° 23828, Rec.), que la prescription quadriennale ne peut être régulièrement opposée devant le tribunal administratif que par l'ordonnateur compétent, et non par l'avocat de la personne publique débitrice.

Par sa décision *Commune de Scionzier*, la section abandonne cette jurisprudence et admet désormais que l'avocat mandaté par une administration pour la représenter en justice soit également regardé comme mandaté pour opposer l'exception de prescription quadriennale.

Plusieurs arguments juridiques et de bonne administration ont justifié cette évolution. Tout d'abord, bien que la prescription quadriennale obéisse à un régime spécifique, qui avait pu justifier en 1983 de maintenir des règles particulières quant à la qualité de la personne compétente pour l'opposer devant le juge, la loi du 31 décembre 1968 ne détermine pas l'autorité ayant qualité pour l'opposer ni ne régit les formes dans lesquelles cette autorité peut l'invoquer devant la juridiction du premier degré. Ensuite, le juge judiciaire admettant que le mandataire puisse régulièrement opposer la prescription quadriennale au nom de la personne de droit public débitrice, cette divergence de jurisprudence entre les juges judiciaire et administratif était source de pièges pour les avocats et dommageable pour les finances publiques. Enfin, la jurisprudence administrative avait déjà été infléchie en admettant, dans deux affaires, que le fonctionnaire chargé de la défense contentieuse de l'administration puisse valablement opposer la prescription quadriennale, sans avoir pour autant qualité d'ordonnateur (pour un adjoint au maire, 26 octobre 1983, *M. Nicolas*, n° 24320, Rec. ; puis pour un directeur d'administration centrale, Section, 10 octobre 1997, *Ministre du budget c/ M. Pantaléon*, n° 153168, Rec.).

La section fait donc application de ce principe : après avoir cassé l'arrêt de la cour administrative d'appel en raison d'une irrégularité de procédure, elle annule le jugement du tribunal administratif qui avait jugé que l'exception de prescription quadriennale n'avait pu être valablement opposée par l'avocat de la commune.

Restait alors, dans le cadre de l'effet dévolutif, à déterminer si la créance en cause était ou non prescrite. En vertu d'une autre décision de section (6 novembre 2002, *M. Guisset*, n° 227147-244410, Rec.), dans les cas où est demandée l'indemnisation du préjudice résultant de l'illégalité d'une décision administrative, le fait générateur de la créance doit être rattaché non à l'exercice au cours duquel la décision a été prise mais à celui au cours duquel elle a été régulièrement notifiée. Cette règle découle de l'article 3 de la loi du 31 décembre 1968 qui dispose que la prescription ne court pas « *contre celui qui peut être légitimement regardé comme ignorant l'existence de sa créance ou de la créance de celui qu'il représente légalement* ».

La section précise ici que la notion de « notification régulière » ne doit pas s'entendre comme exigeant la mention des voies et délais de recours. En effet, si l'absence de mention des voies et délais de recours fait obstacle à ce que le délai de recours contentieux puisse être opposé à une demande tendant à l'annulation de la décision administrative en cause, elle est en revanche sans incidence pour l'application de la prescription quadriennale.

Par suite, la section constate que la décision litigieuse, à l'origine du préjudice dont il est demandé réparation, a été valablement notifiée à la société requérante plus de quatre ans avant la date à laquelle la société a saisi pour la première fois la commune d'une demande d'indemnisation de son préjudice. La créance est ainsi prescrite. La section en déduit que la commune de Scionzier était fondée à opposer, par le biais de son avocat, l'exception de prescription quadriennale et rejette les conclusions indemnitaires présentées par la société devant le tribunal administratif.

Consorts D.

Par un arrêt du 5 décembre 2014, *consorts D.*, le Conseil d'État opère une simplification quant au point de départ du délai de prescription quadriennale s'agissant des dommages corporels et précise l'office du juge de cassation qui procède à une annulation d'un arrêt qui avait à tort opposé la prescription.

CE, Sect, 5 décembre 2014, Consorts D., n° 354211, Rec.

La jurisprudence avait fixé le point de départ du délai de prescription, s'agissant des préjudices permanents, comme l'incapacité permanente partielle ou le préjudice esthétique, à la date de la consolidation, qui est le moment où le préjudice devient tout à la fois certain et connu (Section, 15 mars 1963, *Centre hospitalier régional de Grenoble c/ Sieur Bosse*, n°57552, Rec. ; 2 septembre 2008, *Centre hospitalier de Flers et caisse primaire d'assurance maladie de l'Orne*, n° 272690, n°272693, T.). Toutefois, s'agissant des préjudices temporaires, tels que les frais médicaux et pharmaceutiques ou l'incapacité temporaire totale, ils étaient rattachés à l'exercice au cours duquel ils avaient été subis ou s'étaient manifestés (même arrêt).

Le Conseil d'État, rejoignant en cela la Cour de Cassation (Civ. II, 25 octobre 2001, n° 99-10-194, bull. 2001, II, n° 161), procède ici à une unification du point de départ des délais pour les préjudices corporels, pour l'application de l'article 1er de la loi du 31 décembre 1968 : ainsi, s'agissant d'une créance indemnitaire détenue sur une collectivité publique au titre d'un dommage corporel engageant sa responsabilité, le point de départ du délai de la prescription quadriennale est le premier jour de l'année suivant celle au cours de laquelle les infirmités liées à ce dommage ont été consolidées. Il en est ainsi pour tous les postes de préjudice, aussi bien temporaires que permanents, qu'ils soient demeurés à la charge de la victime ou aient été réparés par un tiers, tel qu'un organisme de sécurité sociale, qui se trouve subrogé dans les droits de la victime.

L'autre apport de l'arrêt réside dans l'office du juge de cassation. L'arrêt de la cour administrative d'appel avait rejeté les demandes présentées par les consorts D. et par les organismes de sécurité sociale par un motif unique, tiré de la prescription. Le pourvoi ayant été introduit par les seuls consorts D., l'annulation complète de l'arrêt aurait bénéficié à une partie qui ne l'avait pas contesté en cassation.

Toutefois, la section du contentieux avait jugé, par une décision *Strada* du 1er Juillet 2005 (234403, Rec.) que les droits de la victime d'un préjudice subi à l'occasion d'une intervention médicale et ceux de la caisse de sécurité sociale l'ayant prise en charge s'imputaient sur une même assiette constituée par l'évaluation du préjudice subi. Il en résulte que, alors même que la caisse de sécurité sociale n'aurait pas présenté de pourvoi en cassation, un arrêt se prononçant sur l'évaluation du préjudice puis sur les droits respectifs de la victime et de la caisse ne peut être cassé en tant seulement qu'il fixe les seuls droits de la victime.

Le Conseil d'État a étendu cette solution d'indivisibilité à un arrêt intervenu en matière de contentieux de la responsabilité hospitalière qui rejette, comme portant sur des créances prescrites, tant les demandes de la victime que celles de la caisse de sécurité sociale qui s'est trouvée subrogée dans une partie des droits de la victime. Ainsi, pareil arrêt ne peut, le cas échéant, qu'être annulé entièrement par le juge de cassation, y compris lorsqu'une seule de ces deux parties a formé un pourvoi en cassation.

Pluralité d'auteurs

Mutuelle Assurance des Instituteurs de France et association Centre lyrique d'Auvergne

SAS Constructions mécaniques de Normandie

Saisi de deux pourvois en matière d'accidents du travail et de maladies professionnelles, le Conseil d'État a déterminé les modalités selon lesquelles l'auteur d'un dommage, condamné par l'autorité judiciaire à le réparer, peut mettre en cause la responsabilité de la collectivité publique co-auteur du même dommage.

CE, Ass., 9 novembre 2015, Mutuelle Assurance des Instituteurs de France et association Centre lyrique d'Auvergne, n° 359548, et CE, Ass., 9 novembre 2015, SAS Constructions mécaniques de Normandie, n° 342468

De longue date, la jurisprudence n'admettait pas que l'employeur condamné par l'autorité judiciaire à indemniser le salarié victime de sa faute inexcusable puisse ultérieurement mettre en cause la responsabilité de la collectivité publique co-responsable devant le juge administratif : l'indemnisation devait demeurer à la charge exclusive de l'employeur fautif (CE, 18 avril 1984, *Société Souchon*, n° 34967, Rec. ; CE, 27 juin 1986, *Société Koné ascenseurs*, n° 54854, inédit au Rec.). Deux pourvois ont conduit le Conseil d'État à revenir sur cette solution ancienne, en apportant plusieurs précisions quant aux modalités de la nouvelle action ainsi ouverte.

Dans l'affaire Mutuelle Assurance des Instituteurs de France et association Centre lyrique d'Auvergne, l'assemblée du contentieux a jugé que lorsque la faute de l'administration et la faute d'un tiers ont concouru à la réalisation d'un même dommage, le tiers co-auteur qui a été condamné par l'autorité judiciaire à indemniser la victime peut se retourner contre l'administration en invoquant la faute de cette dernière. En effet, en principe, la responsabilité de l'administration peut être engagée en raison de la faute qu'elle a commise, pour autant qu'il en soit résulté un préjudice direct et certain, ce à quoi l'existence d'une faute inexcusable de ce tiers, au sens du code de la sécurité sociale, ne fait pas obstacle. Elle rejoint ainsi la position de la Cour de cassation (Cass. soc., 18 janvier 1996, *M. Briotet c/ Union des assurances de Paris (UAP)*, n° 93-15.675, Bull. civ. V, n° 18, Cass. 1e civ., 11 janvier 2000, *Compagnie d'assurance Union des assurances de Paris incendie-accident et autre c/ Caisse régionale d'assurances mutuelles agricoles d'Oc (Groupama) et autre*, n° 97-16.605, Bull. civ. I, n° 7),

Il en va différemment lorsque le tiers co-auteur a délibérément commis une faute d'une particulière gravité : dans cette hypothèse, en vertu de l'exception d'illégitimité (CE, Ass., 28 juin 1968, *Société mutuelle d'assurance contre les accidents en pharmacie*, Rec. ; Sec., 7 mars 1980, *S.A.R.L. Cinq-Sept et autres*, n° 03473, Rec.), il ne peut se prévaloir de la faute qu'aurait commise l'administration en négligeant de prendre les mesures qui auraient été de nature à l'empêcher de commettre le fait dommageable.

Plusieurs précisions ont été apportées quant à la demande indemnitaire du tiers co-auteur devant le juge administratif. D'une part, cette demande a le caractère d'une action subrogatoire, fondée sur les droits de la victime à l'égard de l'administration (CE, Sec., 13 octobre 1972, *Caisse régionale de réassurance mutuelle agricole de l'Est*, nos 82202, 82203, Rec. ; CE, 31 décembre 2008, *Société Foncière Ariane*, n° 294078, Rec.). Le tiers co-responsable peut donc se voir opposer l'ensemble des moyens de défense qui auraient pu l'être à la victime. D'autre part, cette action vise à assurer la répartition de la charge du dommage entre les co-auteurs. La propre faute du tiers co-auteur lui est, par conséquent, opposable.

Dans la seconde affaire, l'assemblée du contentieux a pu faire application, en matière d'indemnisation des préjudices résultant de l'exposition de salariés aux poussières d'amiante, des principes qu'elle venait de dégager, et déterminer, pour la première fois, le partage de responsabilité entre l'État et un employeur.

Le Conseil d'État avait déjà précisé, à l'instar de la Cour de cassation (Cass. soc., 28 février 2002, *Société Eternit industrie c/ Caisse nationale d'assurance maladie et autres*, n° 99-21.255, Bull. civ. V, n° 81), que si l'employeur a l'obligation générale d'assurer la sécurité et la protection de la santé des travailleurs placés sous son autorité, il incombe aux autorités publiques chargées de la prévention des risques professionnels de se tenir informées des dangers que peuvent courir les travailleurs dans le cadre de leur activité professionnelle, compte tenu notamment des produits et substances qu'ils manipulent ou avec lesquels ils sont en contact, et d'arrêter, en l'état des connaissances scientifiques, au besoin à l'aide d'études ou d'enquêtes complémentaires, les mesures les plus appropriées pour limiter et si possible éliminer ces dangers (CE, Ass., 3 mars 2004, *Ministre de l'emploi et de la solidarité c/ consorts Botella*, n° 241151, Rec.). Dès lors, il avait reconnu que, du fait des carences dans la prévention des risques liés à l'exposition des travailleurs aux poussières d'amiante, l'État avait commis une faute de nature à engager sa responsabilité, tant pour les périodes postérieures (même décision) qu'antérieure à 1977 (CE, Ass., même jour, *Ministre de l'emploi et de la solidarité c/ consorts Thomas*, n° 241152, Rec., CE, 13 février 2008, *Ministre de l'emploi, de la cohésion sociale et du logement c/ consorts Carbonnel*, n° 292717, inédite au Rec.), date à laquelle l'État a commencé à adopter des mesures à même de réduire le risque de maladie professionnelle liée à l'amiante.

Saisi de la demande indemnitaire d'une entreprise condamnée par l'autorité judiciaire à indemniser le préjudice résultant de l'exposition de ses salariés aux poussières d'amiante, le Conseil d'État a, dès lors, distingué ces deux périodes.

Pour la période antérieure à 1977, après avoir rappelé le caractère fautif de la carence de l'État, le Conseil d'État a jugé que l'entreprise, qui utilisait l'amiante de façon massive et régulière et connaissait ou aurait dû connaître les dangers de ce produit, avait également commis une faute en ne protégeant pas ses salariés. Certes, au regard de l'utilisation alors massive de l'amiante et de la nature de l'activité de l'entreprise, cette dernière n'avait pas commis délibérément une faute d'une particulière gravité. Toutefois, sa faute et celle de l'État avaient toutes deux concouru directement à la réalisation du dommage. Il revenait dès lors à l'assemblée du contentieux de déterminer la répartition du partage de responsabilité, compte-tenu de la nature et de la gravité des fautes commises (CE, 13 février 1948, *Compagnie générale des eaux c/ Commune de Caluire-et-Cuire*, Rec. ; CE, Ass., 28 juillet 1951, *Sieur Delville*, Rec. ; CE, Ass., 12 avril 2002, *M. Papon*, n° 238689, Rec.). Au regard de ce qui précède, le Conseil d'État a fixé au tiers la part de l'État et condamné ensuite ce dernier à verser une indemnité, pour certains chefs de préjudice, à l'entreprise.

En revanche, pour la période postérieure à 1977, si les mesures adoptées progressivement par l'État étaient insuffisantes, elles étaient néanmoins de nature à réduire le risque. Par ailleurs, l'entreprise avait, notamment, continué d'exposer certains salariés aux poussières d'amiante sans protection appropriée. Dès lors, le Conseil d'État a jugé qu'elle n'établissait pas que les maladies professionnelles développées par certains de ses salariés trouveraient, pour cette période, directement leur cause dans une carence fautive de l'État. Il a donc rejeté, sur ce point, la demande indemnitaire de l'entreprise.

Sanctions

Opportunité des poursuites

Fédération des conseils de parents d'élèves de l'école publique et autre

Le Conseil d'État a jugé que le principe de légalité des délits ne s'applique pas aux sanctions disciplinaires prises à l'encontre d'élèves, et qu'il n'existe pas de principe général du droit selon lequel l'opportunité des poursuites appartient à l'autorité disciplinaire. Il a précisé les limites dans lesquelles une obligation de poursuivre peut être imposée par voie réglementaire.

CE, Ass., 6 juin 2014, Fédération des conseils de parents d'élèves de l'école publique et autre, n° 351582, Rec.

L'Assemblée du contentieux devait se prononcer sur la légalité du décret du 24 juin 2011 relatif à la discipline dans les établissements d'enseignement du second degré. Le II de l'article 3 de ce décret - qui dispose que le chef d'établissement est tenu d'engager une procédure disciplinaire lorsque l'élève est l'auteur de violence verbale à l'égard d'un membre du personnel ou commet un acte grave à l'égard d'un tel membre ou d'un autre élève – était vivement critiqué.

La première question était donc de savoir si une sanction disciplinaire peut être infligée sans qu'un texte ne définisse les infractions sanctionnées.

Le Conseil d'État avait récemment rappelé que le principe de légalité des délits ne s'applique pas aux sanctions disciplinaires que l'autorité administrative a le pouvoir d'édicter à l'égard des agents publics placés sous son autorité (CE, 9 avril 2010, *M. M.*, n° 312251, T.). Dans cette affaire, il a également refusé de reconnaître l'applicabilité d'un tel principe aux sanctions disciplinaires prises à l'encontre d'élèves.

L'assemblée du contentieux s'est également prononcée sur la question de savoir si le décret contesté pouvait obliger l'autorité disciplinaire à engager des poursuites dans certains cas. Aucun texte législatif n'interdisant d'instaurer une telle obligation de poursuivre, seule la reconnaissance d'un principe général du droit selon lequel l'opportunité des poursuites appartient à l'autorité disciplinaire pouvait entacher cette disposition d'illégalité. Si le pouvoir laissé à l'autorité disciplinaire d'apprécier l'opportunité d'engager des poursuites, en fonction notamment de la gravité des faits reprochés, du comportement général de la personne ou de l'intérêt général, est une règle bien établie, l'assemblée du contentieux n'y a pas vu un principe général du droit. Elle a cependant reconnu et précisé la portée de cette règle en affirmant que, si un texte de portée réglementaire peut y déroger en prévoyant que des poursuites disciplinaires doivent être engagées dans certaines circonstances, d'une part, l'opportunité prévaut dans le silence des textes, et, d'autre part, l'obligation faite à l'autorité administrative d'engager des poursuites disciplinaires trouve sa limite dans les autres intérêts généraux dont elle a la charge. Ainsi si une obligation de poursuivre peut être instaurée, elle ne peut être que relative, et il peut toujours y être dérogé par l'autorité disciplinaire pour la défense d'un autre intérêt général, tel que la préservation de l'ordre public.

Articulation des procédures

M. B.

aisie d'un litige relatif à une sanction disciplinaire infligée à un médecin, l'assemblée du contentieux juge que si le choix de la sanction relève de l'appréciation des juges du fond au vu de l'ensemble des circonstances de l'espèce, il appartient au juge de cassation de vérifier que la sanction retenue n'est pas hors de proportion avec la faute commise et qu'elle a pu dès lors être légalement prise. Elle précise également l'articulation entre procédures disciplinaires et pénales.

CE, Ass., 19 décembre 2014, M. B., n° 381245, Rec.

Un médecin, accusé d'avoir délibérément provoqué la mort de plusieurs patients hospitalisés dans l'unité dont il était responsable, a fait l'objet de poursuites pénales. Parallèlement, il a été radié du tableau de l'ordre des médecins sur plainte du Conseil national de l'ordre. Il a fait appel de cette sanction devant la chambre disciplinaire nationale, qui a confirmé sa radiation. Le Conseil d'État a donc été saisi de l'affaire comme juge de cassation des juridictions ordinales.

Plusieurs questions relatives à la coexistence des procédures pénales et disciplinaires se posaient. Ainsi, le juge disciplinaire doit-il surseoir à statuer sur une plainte si une procédure pénale est en cours à propos des mêmes faits ? Les moyens dont dispose le juge pénal pour parvenir à la manifestation de la vérité sont sans commune mesure avec les moyens d'instruction, réels mais limités, du juge disciplinaire. Les compétences diffèrent, comme les finalités des deux procédures, mais les faits sont généralement les mêmes. Une jurisprudence ancienne (CE, Sec., 9 mars 1951, *Hay*, Rec. ; CE, 13 mai 1974, *Sieur Carpentier*, n°89704, Rec. ; CE, 9 novembre 1979, *Buisson*, n° 12867, T.) rappelait la différence d'office des deux juridictions en jugeant que la circonstance que des poursuites pénales soient engagées n'obligeait pas le juge disciplinaire à surseoir à statuer jusqu'à ce que le juge pénal se soit prononcé sur les faits. Une décision de 1994 (CE, Sec., 28 janvier 1994, *Conseil départemental de l'ordre des médecins de Meurthe-et-Moselle c/ L'Hermite*, n° 126512, Rec.) avait toutefois nettement infléchi le sens de cette jurisprudence en instaurant une frontière étanche entre les deux procédures : il fut alors jugé que le juge disciplinaire méconnaissait sa compétence en subordonnant sa décision à l'intervention d'une décision définitive du juge pénal.

Tout en restant dans la ligne de sa jurisprudence passée, le Conseil d'État estime désormais que si le juge disciplinaire n'est en principe jamais tenu d'attendre l'issue d'une procédure pénale, la qualité de l'instruction ou la bonne administration de la justice sont des motifs de nature à justifier un sursis à statuer.

Dans cette même décision, le Conseil d'État a renforcé le contrôle du juge de cassation en matière disciplinaire. Après avoir jugé que la chambre disciplinaire nationale de l'ordre des médecins, qui avait infligé au requérant la sanction de la radiation du tableau, n'avait ni commis d'erreur de droit ni inexactement qualifié les faits en jugeant que le comportement du médecin justifiait une sanction, l'assemblée a procédé à un contrôle inédit : elle a vérifié que la sanction retenue n'était pas hors de proportion avec la faute commise.

Le choix de la sanction relevait jusqu'alors de l'appréciation souveraine des juges du fond en matière ordinale (CE, 30 janvier 1980, *Valéry*, n°11675, T. ; CE, 30 mai 2011, *Ottaviani*, n°339496, T.).

La jurisprudence récente avait toutefois consacré un renforcement du contrôle du juge en matière disciplinaire. En premier ressort, toutes les sanctions prononcées par l'administration font désormais l'objet d'un contrôle normal ou de plein contentieux (CE, Sec., 22 juin 2007, *Arfi*, n° 272650, Rec., pour les sanctions professionnelles ; CE, Ass., 16 février 2099, *société ATOM*, n° 274000, Rec., pour le contrôle de pleine juridiction de la sanction infligée à un administré ; CE, 27 mai 2009, *Hontang*, n° 310493, Rec., pour le contrôle normal en excès de pouvoir du choix de la sanction infligée aux magistrats du parquet, étendu à l'ensemble des agents publics par la décision d'assemblée *Dahan* du 13 novembre 2013, n° 347704, Rec.). En cassation, la proportion de la sanction à la faute faisait l'objet d'un contrôle de qualification juridique pour les magistrats du siège, depuis l'arrêt *Ponsard* (CE, 30 juin 2010, n° 325319, T.), justifié par le principe constitutionnel d'indépendance des magistrats.

Si l'assemblée a choisi d'exercer un contrôle de cassation, elle n'a toutefois pas instauré un contrôle de qualification juridique. L'arrêt met en effet en œuvre un contrôle *sui generis* : il appartient au juge de cassation de vérifier que la sanction retenue n'est pas hors de proportion avec la faute commise, l'absence de disproportion étant une condition de sa légalité. Plusieurs décisions successives ont permis d'éclairer la portée et la teneur de ce contrôle inédit.

Tout d'abord, il est exercé par le juge de cassation en matière disciplinaire quelle que soit la nature de la décision d'origine, administrative ou juridictionnelle. Il est ainsi exercé par le juge de cassation saisi d'un pourvoi contre un arrêt de cour administrative d'appel ayant eu à juger d'un recours pour excès de pouvoir contre une décision administrative de sanction prise à l'encontre d'un agent public (CE, 27 février 2015, *La Poste*, n° 376598, Rec.).

Son contenu a été éclairé à l'occasion de deux décisions rendues en matière de discipline ordinale (CE, 21 janvier 2015, *M. T.*, n° 370069, T. ; CE, 27 mars 2015, *M. H.*, n° 365550, T.). Ce contrôle de la disproportion se situe entre la dénaturation et la qualification juridique. Il n'a pas pour objet de contrôler la proportionnalité de la sanction à la faute, mais de vérifier que la sanction retenue s'inscrit dans une échelle de sanctions légalement possibles au regard de la faute. Pour être légalement prise, la sanction doit figurer dans l'éventail des sanctions proportionnées à la faute. Les deux arrêts précités donnent deux exemples significatifs, l'un d'une sanction légalement prise, l'autre d'une sanction hors de proportion.

Dans l'affaire en question, la sanction de radiation du tableau de l'ordre des médecins infligée au praticien pour avoir volontairement donné la mort à plusieurs patients n'a pas été jugée hors de proportion.

Prescription

Président de l'Autorité des marchés financiers c/ société Natixis Asset Management et autres

La section du contentieux a précisé les modalités d'application de la règle en vertu de laquelle la commission des sanctions de l'Autorité des marchés financiers ne peut être saisie de faits remontant à plus de trois ans, et en particulier la façon dont il convient de déterminer le point de départ de ce délai.

CE, Sec., 28 mars 2014, Président de l'Autorité des marchés financiers c/ société Natixis Asset Management et autres , n° 360344

Le Conseil d'État était saisi d'un recours du président de l'Autorité des marchés financiers contre une décision par laquelle la commission des sanctions avait regardé comme prescrits les faits reprochés à plusieurs prestataires de services d'investissement, à raison de la méconnaissance de leurs obligations en matière de commercialisation de fonds de placement.

Depuis la loi n° 2003-706 du 1er août 2003 de sécurité financière, le deuxième alinéa du I de l'article L. 621-15 du code monétaire et financier prévoit en effet que « *La commission des sanctions ne peut être saisie de faits remontant à plus de trois ans s'il n'a été fait pendant ce délai aucun acte tendant à leur recherche, à leur constatation ou à leur sanction* ». Par une décision *M. B. et autres* (CE, 29 mars 2010, n°s 323354 323488 323491 324395, T.), le Conseil d'État avait déjà jugé que, eu égard à la nature et à l'objet de cette prescription, il appartient à la commission des sanctions de vérifier, lorsqu'elle statue sur les faits dont elle est saisie par le collège, que la prescription triennale n'est pas acquise. Cette décision jugeait aussi qu'ont notamment pour effet d'interrompre cette prescription, la notification des griefs aux intéressés et leur convocation à une audience tendant à la sanction des faits poursuivis. Par sa décision du 28 mars 2014, la section du contentieux a apporté de nouvelles précisions sur les modalités d'application de cette règle de prescription.

Cette affaire a d'abord été l'occasion de préciser les modalités d'application dans le temps de cette règle, instituée par la loi du 1er août 2003. La section a ainsi précisé que ces dispositions étaient immédiatement applicables à compter de leur entrée en vigueur, soit le 2 août 2003, et que le délai de trois ans qu'elles prévoient avait commencé à courir à cette date pour les faits antérieurs à la publication de la loi du 1er août 2003.

La décision précise ensuite les modalités de détermination du point de départ du délai de trois ans à l'issue duquel des faits doivent être regardés comme prescrits, lorsque sont en cause des manquements aux obligations professionnelles relatives à la cohérence, avec les caractéristiques d'un investissement, de l'information délivrée au public dans les documents accompagnant les produits financiers. Dans un tel cas, la section a jugé que le délai de prescription courait à partir du jour où le manquement est apparu et a pu être constaté dans des conditions permettant l'exercice, par l'AMF, de ses missions de contrôle.

En l'espèce, les griefs notifiés aux sociétés concernaient l'utilisation massive, pour la commercialisation de fonds destinés à une clientèle «grand public», de supports promotionnels trompeurs. La section a précisé sur ce point que, bien qu'à la date d'agrément de ces fonds, aucune disposition n'imposait de joindre de tels supports à la demande d'agrément, l'autorité de contrôle pouvait en exiger la production à ce stade ou ultérieurement, s'il apparaissait des éléments justifiant une telle communication. La section a ensuite considéré que, dans les circonstances particulières de l'espèce, eu égard aux caractéristiques des fonds, des souscripteurs visés, du réseau de commercialisation et des moyens de communication publicitaire utilisés, qui justifiaient une vigilance particulière de l'AMF dans l'exercice de ses missions de contrôle, les manquements ne pouvaient être regardés comme ayant été dissimulés au-delà de la fin de la période de commercialisation, elle-même antérieure au 2 août 2003. Le délai de prescription de trois ans avait donc commencé à courir à compter de cette date et était donc expiré lors de l'ouverture des procédures de contrôle tendant à la recherche et à la constatation des faits imputés aux sociétés en cause.

Santé

Mme Lambert

Par deux arrêts d'Assemblée des 14 février 2014 et 24 juin 2014, *Mme Lambert*, le Conseil d'État a précisé le cadre juridique du droit de ne pas subir une obstination déraisonnable, issu de loi du 22 avril 2005 relative aux droits des malades et à la fin de la vie, et l'office très particulier du juge des référés saisi d'une décision d'un médecin d'arrêter ou de ne pas entreprendre un traitement qui aurait pour conséquence une atteinte irréversible à la vie du patient.

CE, Ass., 14 février 2014, Mme Lambert, n° 375081, 375090 et 375091, Rec. ;
CE, Ass. 24 juin 2014, Mme Lambert, n° 375081, 375090 et 375091, Rec.

Le 11 janvier 2014, un médecin, chef du pôle Autonomie et santé du centre hospitalier et universitaire de Reims, décidait de mettre fin à l'alimentation et à l'hydratation artificielles de M. Vincent Lambert, hospitalisé dans ce service. Saisi en appel de cette décision, le juge des référés du Conseil d'État a renvoyé, à l'issue de l'audience d'instruction, l'affaire devant l'assemblée du contentieux. Un tel renvoi était inédit depuis l'adoption de la loi du 30 juin 2000 relative au référé devant les juridictions administratives ; la section du contentieux était jusqu'alors la seule formation collégiale du Conseil d'État à avoir connu d'un référé d'urgence (V. notamment : Sec., 19 janvier 2001, *Confédération nationale des radios libres*, n° 228815, Rec. ; Sec., 18 janvier 2001, *Commune de Venelles et Morbelli*, n° 229247, Rec.). Justifié par le caractère inédit et exceptionnel des enjeux juridiques et éthiques auxquels le juge administratif était en l'espèce confronté, ce renvoi a conduit l'assemblée du contentieux à préciser l'office du juge du référé-liberté en de telles circonstances, tout en se prononçant sur d'importantes questions de fond.

L'assemblée du contentieux a, tout d'abord, jugé que le droit du patient de consentir à un traitement médical et de ne pas subir un traitement qui serait le résultat d'une obstination déraisonnable constitue une liberté fondamentale au sens de l'article L. 521-2 du code de justice administrative. Il revient ainsi au juge des référés d'opérer une conciliation entre le droit au respect de la vie et le droit du patient de ne pas faire l'objet dune obstination déraisonnable.

Elle a ensuite précisé l'office particulier du référé-liberté lorsqu'il se trouve saisi d'une décision, prise par un médecin, conduisant à interrompre un traitement au motif que ce dernier traduirait une obstination déraisonnable et que l'exécution de cette décision porterait de manière irréversible une atteinte à la vie. Dans une telle hypothèse, le juge du référé-liberté peut, après avoir suspendu à titre conservatoire l'exécution de la mesure, prescrire une expertise médicale et solliciter, en application de l'article R. 625-3 du code de justice administrative, l'avis de toute personne dont la compétence ou les connaissances sont de nature à éclairer utilement la juridiction. Tel est ce qu'a fait l'assemblée du contentieux en l'espèce. Après avoir sursis à statuer sur le cas qui lui était soumis, l'assemblée a, d'une part, sollicité une expertise médicale auprès de trois médecins spécialistes de neurosciences, auxquels il était demandé de se prononcer dans un délai de deux mois sur l'état clinique de M. Lambert. L'assemblée a, d'autre part, invité l'Académie nationale de médecine, le Comité consultatif national d'éthique, le Conseil national de l'ordre des médecins ainsi que M. Jean Leonetti à présenter des observations écrites d'ordre général de nature à l'éclairer utilement sur les questions scientifiques, éthiques et déontologiques posées par le litige, en particulier sur l'application des notions d'obstination déraisonnable et de maintien artificiel de la vie au sens de l'article L. 1110-5 du code de la santé publique.

Sur le fond, l'assemblée du contentieux a, en outre, jugé que les dispositions du code de la santé publique issues de la loi du 22 avril 2005 relative aux droits des malades et à la fin de la vie (articles L. 1110-5 et L. 1111-4 du code de la santé publique) étaient de portée générale et s'appliquaient que le patient soit ou non en fin de vie, de sorte qu'elles étaient applicables à l'égard d'un patient, comme Vincent Lambert, qui se trouvait en état dit « pauci-relationnel » comme à l'égard de tous les usagers du système de santé.

Il résulte de ces dispositions que lorsque les actes de prévention, d'investigation et de soins qui sont pratiqués sur un patient ne doivent pas être poursuivis par une obstination déraisonnable et qu'ils peuvent être suspendus ou ne pas être entrepris lorsqu'ils apparaissent inutiles ou disproportionnés ou n'ayant d'autre effet que le seul maintien artificiel de la vie. Le Conseil d'État précise alors que lorsque la personne malade est hors d'état d'exprimer sa volonté, la décision de limiter ou d'arrêter un traitement au motif que sa poursuite traduirait une obstination déraisonnable ne peut, s'agissant d'une mesure susceptible de mettre en danger la vie du patient, être prise par le médecin que dans le respect de la procédure collégiale définie par le code de déontologie médicale et des règles de consultation fixées par le code de la santé publique. Si, à l'issue de cette procédure collégiale, le médecin prend une décision de limitation ou d'arrêt des soins, il lui appartient au médecin de sauvegarder en tout état de cause la dignité du patient et de lui dispenser des soins palliatifs.

L'assemblée du contentieux a, ensuite, jugé que l'alimentation et l'hydratation artificielles prodiguées à M. Lambert, qui sont au nombre des actes qui tendent à assurer de façon artificielle le maintien des fonctions vitales du patient, constituaient un traitement au sens de cette même loi, s'inscrivant, à cet égard, dans le prolongement des travaux préparatoires de cette loi et de l'étude consacrée par le Conseil d'État en 2009 à la révision des lois de bioéthique.

A la suite de sa décision du 14 février 2014, par laquelle elle avait sursis à statuer, l'assemblée du contentieux s'est réunie une seconde fois pour délibérer sur l'appel relatif à la situation de M. Vincent Lambert. Par sa décision du 24 juin 2014, l'assemblée s'est prononcée sur la légalité de la décision prise par le médecin en charge de M. Lambert au vu, notamment, de l'expertise médicale et des observations de caractère général, présentées par l'Académie nationale de médecine, le Comité consultatif national d'éthique, le Conseil national de l'Ordre des médecins et M. Jean Leonetti, de nature à l'éclairer utilement sur l'application des notions d'obstination déraisonnable et de maintien artificiel de la vie au sens de l'article L. 1110-5 du code de la santé publique, en particulier à l'égard des personnes qui sont dans un état pauci-relationnel, produites en application de sa première décision et versées au contradictoire par les parties.

Le Conseil d'État a tout d'abord rappelé les principes qui avaient été dégagés par l'arrêt d'assemblée du 14 février 2014 quant au droit de toute personne de recevoir les soins les plus appropriés à son état de santé sans risques disproportionnés par rapport au bénéfice escompté, au droit de ne pas subir une obstination déraisonnable lorsque ces soins apparaissent inutiles ou disproportionnés ou n'ayant d'autre effet que le seul maintien artificiel de la vie, que le patient soit ou non en fin de vie, quant à la nécessité, lorsque l'arrêt des traitements décidé par le médecin porterait de manière irréversible une atteinte à la vie, de recourir à la procédure collégiale et de consulter la personne de confiance, la famille ou un proche, prévue par les dispositions des articles L. 1110-5, L. 1111-4, L. 1111-6 et R. 4127-37 du code de la santé publique issues de la loi du 22 avril 2005 relative aux droits des malades et à la fin de la vie et enfin quant à l'obligation de sauvegarder la dignité du patient et de lui dispenser les soins palliatifs.

L'assemblée du contentieux a ensuite précisé qu'eu égard à l'office particulier qui est celui du juge des référés lorsqu'il est saisi, sur le fondement de l'article L. 521-2 du code de justice administrative, d'une décision prise par un médecin en application du code de la santé publique et conduisant à interrompre ou à ne pas entreprendre un traitement au motif que ce dernier traduirait une obstination déraisonnable et que l'exécution de cette décision porterait de manière irréversible une atteinte à la vie, il lui appartient, dans ce cadre, d'examiner un moyen tiré de l'incompatibilité des dispositions législatives dont il a été fait application avec les stipulations de la convention européenne de sauvegarde des droits de l'homme et des libertés fondamentales. Alors qu'il n'appartient traditionnellement pas au juge des référés d'apprécier une éventuelle contrariété de la loi à des engagements internationaux (CE, *GISTI et autres* du 27 août 2012, T. p. 911), une exception est posée pour l'appréciation de la méconnaissance de la convention européenne de sauvegarde des droits de l'Homme et des libertés fondamentales, dans la lignée de la décision du Conseil d'État *Ministre de l'aménagement du territoire et de l'environnement c /Carminati* du 30 décembre 2002 (240430, Rec.) qui permet au juge des référés de s'opposer à l'exécution d'une décision « *en cas de méconnaissance manifeste des exigences qui découlent du droit de l'Union* ». Si cette exception est strictement circonscrite au cas où le juge des référés est saisi d'une décision d'arrêt des traitements qui porterait de manière irréversible une atteinte à la vie, elle emporte en revanche un contrôle entier et non restreint à la seule méconnaissance manifeste du droit de l'Union européenne (CE,16 juin 2010, *Mme Diakité*, Rec.).

L'assemblée du contentieux estime alors que, prises dans leur ensemble, eu égard à leur objet et aux conditions dans lesquelles elles doivent être mises en œuvre, les dispositions contestées du code de la santé publique ne peuvent être regardées comme incompatibles ni avec les stipulations de l'article 2 de la convention européenne de sauvegarde des droits de l'homme et des libertés fondamentales, aux termes desquelles «*le droit de toute personne à la vie est protégé par la loi. La mort ne peut être infligée à quiconque intentionnellement (...)*», ni avec celles de l'article 8 de la même convention qui garantissent le droit au respect de la vie privée et familiale.

Le Conseil d'État a ensuite précisé que, pour décider d'un éventuel arrêt de l'alimentation et de l'hydratation artificielles, dont il est rappelé qu'elles constituent des traitements, administrées à un patient en état végétatif hors d'état d'exprimer sa volonté, le médecin doit se fonder sur un ensemble d'éléments dont le poids respectif ne peut être prédéterminé et dépend des circonstances particulières et de la situation singulière propres à chaque patient. Ainsi, la seule circonstance qu'une personne soit dans un état irréversible d'inconscience ou, à plus forte raison, de perte d'autonomie la rendant tributaire d'un tel mode d'alimentation et d'hydratation ne saurait caractériser, par elle-même, une situation dans laquelle la poursuite de ce traitement apparaîtrait injustifiée au nom du refus de l'obstination déraisonnable.

Parmi les éléments que le médecin doit prendre en considération figurent les données médicales, qui doivent concerner une période suffisamment longue, être analysées collégialement et porter notamment sur l'état actuel du patient, sur l'évolution de son état depuis la survenance de l'accident ou de la maladie, sur sa souffrance et sur le pronostic clinique. Le médecin doit en outre accorder une importance toute particulière à la volonté que le patient peut avoir, le cas échéant, antérieurement exprimée, sous la forme de directives anticipées ou sous une autre forme. Si la volonté du patient demeure inconnue, elle ne peut être présumée comme consistant en un refus du patient d'être maintenu en vie dans les conditions présentes. Enfin, le médecin doit prendre en compte les avis de la personne de confiance que le patient peut avoir désignée, des membres de sa famille ou, à défaut, de ses proches, en s'efforçant de dégager un consensus. Le Conseil d'État a précisé que le médecin devait, dans l'examen de la situation propre de son patient, être avant tout guidé par le souci de la plus grande bienfaisance à son égard.

Faisant application de ces principes au cas d'espèce, le Conseil d'État a jugé que la procédure collégiale préalable à l'adoption de la décision d'arrêt des traitements concernant M. Lambert n'avait été entachée d'aucune irrégularité, notamment s'agissant du principe d'impartialité du médecin. S'agissant des éléments médicaux, le Conseil d'État s'est notamment appuyé sur les résultats de l'expertise effectuée à la suite de sa décision du 14 février 2014 dont les conclusions ont mis en évidence une dégradation de l'état de conscience de M. Lambert, lequel correspond désormais à un état végétatif. Le Conseil d'État a estimé que les conclusions unanimes des experts confirmaient l'analyse faite par le médecin en charge de M. Lambert sur l'irréversibilité des lésions cérébrales. S'agissant de la volonté du patient, le Conseil d'État a relevé qu'il résultait de l'instruction, notamment du témoignage précis et circonstancié de l'épouse de M. Lambert, confirmé par l'un des frères de ce dernier, que M. Vincent Lambert avait clairement et à plusieurs reprises exprimé le souhait de ne pas être maintenu artificiellement en vie dans l'hypothèse où il se trouverait dans un état de grande dépendance. Le Conseil d'État a donc jugé que le médecin ayant pris la décision d'arrêt des traitements avait fait une exacte interprétation des souhaits manifestés par le patient avant son accident.

Le Conseil d'État a déduit de l'ensemble de ces éléments que la décision prise le 11 janvier 2014 d'arrêter l'alimentation et l'hydratation artificielles de M. Vincent Lambert n'était pas illégale, de sorte que les conclusions tendant à sa suspension doivent être rejetées.

Travail

Syndicat CGT de l'union locale de Calais et environs

Société Pages Jaunes et ministre du travail, de l'emploi, de la formation professionnelle et du dialogue social

Ministre du travail, de l'emploi, de la formation professionnelle et du dialogue social c/ Comité central d'entreprise HJ Heinz France

Le Conseil d'État s'est prononcé, pour la première fois, sur le contentieux des plans de sauvegarde de l'emploi qui lui a été confié par la loi de sécurisation de l'emploi du 14 juin 2013.

CE, Ass., 22 juillet 2015, Syndicat CGT de l'union locale de Calais et environs, n° 383481, Rec. ; CE, Ass., 22 juillet 2015, Société Pages Jaunes et ministre du travail, de l'emploi, de la formation professionnelle et du dialogue social, n°s 385668, 386496, Rec. ; CE, Ass., 22 juillet 2015, Ministre du travail, de l'emploi, de la formation professionnelle et du dialogue social c/ Comité central d'entreprise HJ Heinz France, n° 385816, Rec.

Faisant suite à l'accord national interprofessionnel du 11 janvier 2013, la loi du 14 juin 2013 a réformé la procédure de licenciements collectifs pour motif économique, en ouvrant à l'employeur deux voies pour élaborer le plan de sauvegarde de l'emploi (PSE), indispensable pour procéder à ces licenciements. D'une part, l'employeur peut procéder à une négociation avec les organisations syndicales représentatives d'un accord collectif portant PSE (art. 1233-24-1 code du travail), lequel doit alors faire l'objet d'une validation par l'autorité administrative compétente. D'autre part, à défaut d'un tel accord ou en cas d'accord ne portant que sur une partie du champ de la procédure de licenciement, l'employeur peut fixer le contenu du plan de sauvegarde de l'emploi et ces autres éléments par un document unilatéral. Celui-ci doit alors faire l'objet d'une homologation par l'autorité administrative, qui vérifie notamment que le contenu du plan est suffisant, notamment au regard des moyens dont disposent l'entreprise, l'unité économique et sociale et le groupe.

Les trois arrêts du 22 juillet 2015 ont permis au Conseil d'État de poser les premiers jalons de cette procédure rénovée et du contrôle de l'administration qu'elle institue.

En premier lieu, que le PSE soit fixé par accord ou par document de l'employeur, l'administration doit contrôler que la procédure d'information et de consultation du comité d'entreprise, préalable à l'élaboration de ce document, a été régulière, c'est-à-dire que celui-ci a pu émettre son avis en toute connaissance de cause sur l'opération de restructuration prévue par l'employeur et sur le projet de licenciement collectif et le PSE. Il appartient à ce titre à l'administration de s'assurer que l'employeur a adressé au comité d'entreprise, avec la convocation à sa première réunion, ainsi que, le cas échéant, en réponse à des demandes exprimées par le comité, tous les éléments utiles pour qu'il formule ses deux avis en toute connaissance de cause. Ainsi, lorsque l'entreprise appartient à un groupe et que l'employeur est, par suite, amené à justifier son projet au regard de la situation économique du secteur d'activité dont relève l'entreprise au sein de ce groupe, les éléments d'information adressés par l'employeur au comité d'entreprise doivent porter non seulement sur la situation économique du secteur d'activité qu'il a lui-même pris en considération, mais aussi sur les raisons qui l'ont conduit à faire reposer son analyse sur ce secteur d'activité. Cette vérification de l'administration, sous le regard du juge administratif du PSE, ne devait toutefois pas conduire à empiéter sur la compétence propre du juge du licenciement – en principe, le juge prud'homal – pour déterminer le bien-fondé du motif économique du licenciement. L'assemblée précise donc, dans l'arrêt *Heinz,* qu'il ne revient pas à l'administration de s'assurer de la pertinence du secteur d'activité défini par l'employeur au sein duquel est appréciée la situation économique invoquée à l'appui du licenciement. Ainsi, l'employeur, qui informe et consulte le comité d'entreprise sur son propre projet, n'est pas tenu d'adresser des éléments d'information relatifs à la situation économique d'un autre secteur d'activité que celui qu'il a retenu, et la circonstance que le secteur d'activité retenu par l'employeur ne serait pas de nature à établir le bien-fondé du projet soumis au comité d'entreprise ne saurait être utilement invoquée pour contester la légalité de la décision d'homologation.

En second lieu, dans le cas d'un PSE négocié, la validation par l'administration implique que celle-ci vérifie que cet accord est majoritaire, c'est-à-dire qu'il a été régulièrement signé pour le compte d'une ou plusieurs organisations syndicales représentatives ayant recueilli au moins 50% des suffrages exprimés en faveur des organisations représentatives lors du premier tour des dernières élections professionnelles au sein de l'entreprise (art. L. 1233-24-1 du code du travail). L'assemblée précise, dans l'arrêt *Pages Jaunes*, que cette vérification implique de contrôler que les signataires de l'accord avaient qualité pour engager leur syndicat.

En troisième lieu, dans l'hypothèse d'un PSE unilatéral, l'administration exerce un contrôle propre sur le contenu du plan de sauvegarde de l'emploi. Pour définir ce contrôle, l'assemblée du contentieux, dans l'arrêt Syndicat CGT de l'union locale de Calais et environs, s'inscrit dans la continuité de la jurisprudence de la Cour de cassation, compétente jusqu'à la loi de 2013 pour les plans de sauvegarde de l'emploi, en demandant à l'administration d'apprécier si les mesures contenues dans le plan sont, prises dans leur ensemble, propres à satisfaire aux objectifs de maintien dans l'emploi et de reclassement des salariés, compte tenu, d'une part, des efforts de formation et d'adaptation déjà réalisés par l'employeur et, d'autre part, des moyens dont disposent l'entreprise et, le cas échéant, l'unité économique et sociale et le groupe. A ce titre, elle doit s'assurer que le plan contient un plan de reclassement qui tout à la fois identifie l'ensemble des possibilités de reclassement des salariés dans l'entreprise, et témoigne d'une recherche sérieuse des postes disponibles pour un reclassement dans les autres entreprises du groupe. Pour l'ensemble des postes de reclassement ainsi identifiés, l'employeur doit avoir indiqué dans le plan leur nombre, leur nature et leur localisation.

Enfin, l'assemblée a précisé la portée de l'obligation de motivation des décisions de validation ou d'homologation des plans de sauvegarde de l'emploi. Il a jugé que l'exigence, prévue par l'article L. 1233-57-4 du code du travail, de motivation de ces décisions n'implique pas que l'administration prenne explicitement parti sur le respect de chacune des règles dont il lui appartient d'assurer le contrôle, mais doit permettre aux personnes auxquelles ces décisions sont notifiées puissent à leur seule lecture en connaître les motifs.

Urbanisme

Commune de Salbris

A l'occasion de recours contre un permis de construire délivré par la commune de Salbris, le Conseil d'État a précisé l'articulation entre le contrôle de l'administration sur les demandes d'autorisation d'urbanisme et la question de la propriété, en réaffirmant la théorie dite du « propriétaire apparent ».

CE, Sec., 19 juin 2015, Commune de Salbris, n° 368667, Rec.

Les autorisations d'urbanisme ayant pour seul objet de s'assurer de la conformité des travaux avec la législation et la réglementation de l'urbanisme, de sorte qu'elles sont délivrées sous réserve des droits des tiers, le Conseil d'État avait reconnu de longue date qu'un permis de construire pouvait légalement être délivré au propriétaire apparent du terrain, alors même que la propriété réelle suscitait un doute (CE, 20 octobre 1965, *Guérin,* n° 60997, Rec.).

Les articles R. 423-1 et R. 431-5 du code de l'urbanisme en matière de dépôt des demandes de permis de construire, issus de la réforme de 2007, avaient permis au Conseil d'État de réduire encore le contrôle que devait opérer l'administration en charge de la délivrance des autorisations d'urbanisme quant à la qualité de propriétaire. Le premier article précise que la demande de permis doit être présentée *« soit par le ou les propriétaires (...) ; / (...) soit (...) par un ou plusieurs co-indivisaires (...) ; / (...) soit par une personne ayant qualité pour bénéficier de l'expropriation (...) »*. Le second dispose que la demande comporte *« l'attestation du ou des demandeurs qu'ils remplissent »* ces conditions. Ainsi, le pétitionnaire doit seulement, à l'appui de sa demande de permis de construire, attester de ce qu'il est effectivement propriétaire. Le Conseil d'État avait déduit de ces dispositions qu'en principe, l'administration n'a pas à vérifier la validité de l'attestation établie par le demandeur. Sous réserve de la fraude, le pétitionnaire fournissant cette attestation est regardé comme ayant qualité pour présenter sa demande de permis (CE, 15 février 2012, *Mme Quennesson*, n° 333631, Rec.). Cette théorie, dite du propriétaire apparent, implique que les tiers ne peuvent pas reprocher à l'administration de ne pas avoir vérifié l'exactitude de l'attestation (CE, 23 mars 2015, *M. et Mme Loubier*, n° 348261, Rec.).

Par sa décision Commune de Salbris, la section du contentieux réaffirme en premier lieu que l'administration n'a pas à vérifier, dans le cas de l'instruction d'une demande de permis, la qualité de propriétaire du pétitionnaire, ni la validité de l'attestation établie par le demandeur ; les moyens par lesquels un tiers invoquent l'absence de contrôle de l'administration sur l'exactitude de l'attestation sont donc inopérants.

Le Conseil d'État s'était cependant soucié de ménager ce principe avec l'exigence, pour l'administration, de ne pas se laisser tromper, en jugeant dans l'affaire *Loubier* (précitée) que lorsque l'autorité saisie d'une telle demande de permis de construire vient à disposer au moment où elle statue, sans avoir à procéder à une mesure d'instruction lui permettant de les recueillir, d'informations de nature à établir son caractère frauduleux ou faisant apparaître, sans que cela puisse donner lieu à une contestation sérieuse, que le pétitionnaire ne dispose d'aucun droit à la déposer, il lui revient de refuser la demande de permis pour ce motif.

La décision *Commune de Salbris* complète cette architecture en confrontant la théorie du propriétaire apparent, nuancée par la décision *Loubier,* aux effets de l'annulation rétroactive de la qualité de propriétaire. En l'espèce, l'ordonnance d'expropriation qui avait permis à la commune de devenir propriétaire du terrain en cause avait fait l'objet d'une annulation postérieure à la délivrance du permis de construire litigieux : que fallait-il en déduire sur la légalité du permis ? Par deux décisions antérieures, *Mme Courtet* (CE, 8 janvier 1982, n° 1939, Rec.) et *Commune de Fréjus et SCI Bleu Marine* (CE, 5 avril 1992, n° 117090, Rec.), le Conseil d'État avait jugé qu'un permis de construire faisant l'objet d'un recours pour excès de pouvoir devait être annulé lorsqu'une décision juridictionnelle ultérieure remettait en cause, par l'annulation de la décision d'expropriation, la qualité de propriétaire du titulaire du permis. La décision *Commune de Salbris* marque un abandon, par la section du contentieux, de cette ligne jurisprudentielle : le Conseil d'État juge que la seule circonstance que le pétitionnaire perde, postérieurement à la délivrance du permis de construire, fût-ce à titre rétroactif, la qualité au titre de laquelle il avait présenté la demande de permis de construire n'est pas par elle-même de nature à entacher d'illégalité ce permis.

Mme Ciaudo

Saisi de la légalité d'une prescription dont était assortie une autorisation d'urbanisme, le Conseil d'État a admis la recevabilité de conclusions dirigées contre ces prescriptions et précisé l'office du juge de l'excès de pouvoir en la matière.

CE, Sec., 13 mars 2015, Mme Ciaudo, n° 358677, Rec.

Les pétitionnaires ayant obtenu une autorisation d'urbanisme assortie de prescriptions, qui souhaitaient contester non cette autorisation dans son entier mais ces seules prescriptions, se heurtaient jusqu'alors au principe selon lequel les prescriptions sont indivisibles de l'autorisation accordée (CE, Sec., 12 octobre 1962, *Ministre de la construction c/ Compagnie immobilière de la région parisienne*, Rec. p. 537). Des exceptions concernaient certes les prescriptions financières (CE, 13 novembre 1981, *M. et Mme Plunian*, Rec. p. 413), les cessions de terrains (CE, Sec., 8 février 1985, *M. Raballand*, Rec. p. 36), ainsi que les conditions étrangères, par leur objet, à la législation dont l'administration doit faire application (CE, Sec., 1er mai 1942, *Consorts Simon Le Bertre*, Rec. p. 138). Ces exceptions, qui découlaient pour partie de dispositions législatives, n'avaient cependant qu'une portée limitée.

Adoptant une interprétation nouvelle de la divisibilité des autorisations d'urbanisme, dans le prolongement de certaines évolutions récentes (CE, 23 février 2011, *SNC Hôtel de la Bretonnerie,* n° 325179, T., CE, 1er mars 2013, *M. et Mme Fritot et autres*, n° 350306, Rec., CE, Ass., 23 décembre 2013, *Société Métropole télévision*, n° 363978, Rec.), la section du contentieux est revenue sur ce principe, en précisant par la suite la portée du revirement ainsi opéré.

Elle a tout d'abord rappelé que l'administration ne peut assortir une autorisation d'urbanisme de prescriptions qu'à la condition que celles-ci, entraînant des modifications sur des points précis et limités et ne nécessitant pas la présentation d'un nouveau projet (CE, 27 juillet 1979, *Ministre de l'équipement c/ M. Starck*, Rec. p. 353), aient pour effet d'assurer la conformité des travaux projetés aux dispositions législatives et réglementaires dont l'administration est chargée d'assurer le respect.

C'est pour assurer le respect par l'administration de ces conditions qu'elle a admis, ensuite, que le titulaire d'une autorisation d'urbanisme est, de manière générale, recevable à demander l'annulation d'une ou de plusieurs prescriptions dont celle-ci est assortie. Ce n'est donc plus au stade de la recevabilité qu'il revient au juge de l'excès de pouvoir d'apprécier la divisibilité de la prescription contestée. La section du contentieux a ensuite précisé qu'eu égard à l'objet d'une telle action contentieuse, le requérant peut utilement soulever, à l'appui de ses conclusions, tout moyen relatif au bien-fondé des prescriptions qu'il critique ou au respect des exigences procédurales propres à leur édiction.

Toutefois, lorsqu'elles sont illégales, le juge de l'excès de pouvoir ne peut annuler ces prescriptions que si l'annulation n'est pas susceptible de remettre en cause la légalité de l'autorisation d'urbanisme. Ce n'est que dans cette hypothèse, a précisé la section du contentieux, que les prescriptions doivent être regardées comme ne formant pas un ensemble indivisible avec l'autorisation d'urbanisme.

Enfin, la section du contentieux a précisé que l'article R. 600-1 du code de l'urbanisme vise, dans un but de sécurité juridique, à permettre au bénéficiaire d'une autorisation d'urbanisme, ainsi qu'à l'auteur de cette décision, d'être informés à bref délai de l'existence d'un recours contentieux dirigé contre elle. Il n'exige pas que le bénéficiaire d'une autorisation d'urbanisme notifie à l'auteur de cette décision le recours contentieux qu'il forme pour la contester en tant qu'elle est assortie de prescriptions ou pour contester ces prescriptions elles-mêmes.

Table des matières

Imprimerie de la Direction de l'information légale et administrative
N° 652160020-000416 – Dépôt légal : avril 2016
PEFC 10-31-2190 / Certifié PEFC IMPRIM'VERT®

GPSR Compliance

The European Union's (EU) General Product Safety Regulation (GPSR) is a set of rules that requires consumer products to be safe and our obligations to ensure this.

If you have any concerns about our products, you can contact us on ProductSafety@springernature.com

In case Publisher is established outside the EU, the EU authorized representative is:

Springer Nature Customer Service Center GmbH
Europaplatz 3
69115 Heidelberg, Germany

Batch number: 10823775

Printed by Printforce, the Netherlands